1万人を指導してわかった黄金法則

6つの不安がなくなれば あなたの起業は 絶対成功する

ビジネス教育家 坂本憲彦 Norihiko Sakamoto

実務教育出版

はじめに――あなたの起業、絶対に成功します

あなたの起業は、絶対に成功します。

あなたは今、実際に独立・起業を果たし、自分のビジネスをさらに育てようとしているのかもしれませんし、着々と準備をしている最中かもしれません。あるいは「いつか起業をしたいな」と、頭の中でイメージをしている段階かもしれません。

そのどれであるにしても、あなたの起業はうまくいきますし、その後はどんどんと事業が成長してゆくことになるでしょう。ただし、**正しい針路を選択**しさえすれば、ですが。

はじめまして、私は坂本憲彦と申します。私自身、サラリーマンを6年半、経験したあと、「このままサラリーマンを続けていても、面白くも何ともないな」と思い、人脈ゼロのまま当時、働いていた福岡を離れ、単身東京へと飛び込み、起業の道を歩み始めました。

紆余曲折《うよきょくせつ》はありましたが、おかげさまで現在では1万名以上の起業家・経営者の方の相談に乗って支援をさせていただく、ビジネス教育家として活動できるようになりました。

1万名以上の方のお話を聞いているうちに、起業がうまく行く人とそうでない人の違いが、おぼろげながら見えてきました。恥ずかしながら起業当初の私は何も分からないままガムシ

ャラに突っ走ってしまったので、無駄なことや、失敗もたくさんしてきました。仮に今、起業したての自分にタイムマシーンで会いに行けるとしたら、「ここだけは気をつけろよ」「それが本当にお前のやりたいことなのか？」と、アドバイスをしたい気持ちでいっぱいです。

しかし、そう思う反面、「そんな私だからこそ、起業に対する怖さも分かるし、どこでつまずきやすいのかも分かる」とも思うのです。

いわゆる「ビジネスの天才」と言われる人たちは、はじめから何をしたらいいのかが無意識に分かっています。それはとても素晴らしいことなのですが、順風満帆に来てしまった分、うまくいかない人の気持ちや、起業に対する恐怖心が分かりません。また、どんな時につまずきやすいのかも本能的に察知してしまっているので、誰かに説明することは苦手としている方が多いようです。

私は天才ではありません。ビジネス界のサラブレッドでもありません。でも、だからこそ再現性の高い形で、その人の性格ややりたいことに寄り添った応援をできるのだ、と思っています。

私が自分のやり方を押し付ける形であったのであれば、1万人以上の方々をサポートし続けることは間違いなくできなかったでしょう。サポートを続けられることじたい、ありがたいことなのだ、と今は深く感謝しているのです。

本書では、**起業したて、起業準備中、そして「いつか起業したい」と思っている起業のフレッシャーズさんを対象**に、「まずはここに注意するといいよ」「この方向に行くと、自分の首をしめることになりかねないよ」というポイントを、具体例を交えてお伝えしていければと考えています。

起業の形は十人十色。ただ、せっかく起業をしたからには、あなた自身やあなたの家族、そしてあなたのお客様が幸せになるような起業をしていただきたいと思うのです。そしてその「幸せな起業」は、いくつかのポイントを押さえれば、さほど難しくなく、誰にでも達成できると確信しています。

人は、怖くなると行動ができなくなりますし、そこで無理をしてもうまくいかなかったりします。暗闇でオバケのような影を見たら誰だって怖くて動けなくなりますし、そこから影に近づいたりするのは、相当困難です。でも明かりを灯して、それはオバケでもなんでもなくて木の影だということが分かれば、何の怖さもなく歩みを進められるでしょう。

起業も同じです。「この先を進むと、どうなるか分からない」「本当にこの選択が正しいのか分からない」「準備が足りているのかどうか分からない」という状態になると、とたんに動くことがためらわれる、あるいはおかしな行動をとってしまうことになりがちです。

そんな怖さをぬぐい去るための明かり、あるいはロードマップを提供したいというのが本書の目的です。

今まで起業家の方と話をしてきて、多くの方がつまずいたり怖さを感じたり、不安に思っているところは、大別して次の6つが挙げられます。

1. ビジネスのアイディアが見つからない
2. ビジネスのコンセプトが決まらない
3. 起業するための資金が足りない、集まらない
4. 起業したあと、本当にずっとやっていけるのだろうか？
5. 自分のビジネスで、じゅうぶんな収入が得られるのだろうか？
6. 自分の知識や技術は、足りているのだろうか？

あなたもこのうちのどれか、あるいは複数のことで悩んでいるのではないでしょうか？

もしそうであるのならば、私がお手伝いできることがあります。

ビジネスの**アイディア**が見つからないのであれば、見つければいい。見つけ方をお伝えします。

コンセプトは、実は3つの要素を考えるだけでできてしまいます。**資金**が足りないのであれば、計画すればいいんです。計画の仕方をお伝えします。起業した後の**リスク**は、きちんと準備さえしておけばコントロールできます。

あなたがどんな業種を選んだとしても、少なくともあなたと家族を養っていけるくらいの**収入**にすることができます。どんな業種でも、です。

知識や技術は、起業してからもどんどんアップさせてゆくことができます。それも効率よく実践的なものをストックしていける方法があります。

もう一度言います。ここに挙げた、6つの不安がなくなれば、**あなたの起業は絶対に成功します**。私がそのロードマップをご用意します。本書は、あっちにぶつかりこっちにぶつかりしてきた私のような人をこれ以上つくらないための地図です。

それは、きっとあなたのお役に立つでしょうし、あなたの家族を笑顔にするお手伝いにもなると信じます。さらにそんな成功した起業家が増えれば、もっと日本が元気になり、明るい将来像を描けるようになると私は信じています。

一緒に、明るい未来を創っていきましょう。

『6つの不安がなくなればあなたの起業は絶対成功する』……もくじ

第1章 誰でも見つかるビジネスアイディア

第2章

本当にやりたいことで起業する方法

第3章 ゼロからでもできる起業資金の集め方

第4章

起業してから困らないリスクコントロールの方法

第5章

「本当にやりたいこと」で充分な収入を手に入れる！

第6章
起業に必要な知識がみるみる積み重なっていく唯一の方法

1章 のポイント

アイディアは何も
ないけど
起業はしたい。
ビジネスアイディアは
どうやったら
見つかるのか？

自分のやりたいことって
なんだろう??
英語…?
ヒーロー?
人助け?

1 アイディアの考え方は、①**市場軸**、②**自分軸**というふたつがある

2 市場軸で起業すると失敗しやすく、**自分軸で起業すると成功**しやすい

3 **自分が本当にやりたいこと**で起業するのが望ましい

4 「**本当にやりたいこと**」とは**何か**を考え抜く

↓

ここまでやったら、次はブレインダンプ！

自己分析の最高峰の方法で、
あなたの脳を全解剖！

↓

「自分が本当にやりたいと思えること」

あなただけのビジネスアイディアが必ず見つかる！

具体的には、
28
ページへ

2章のポイント

やりたいことを
ビジネスにするために
必要不可欠なこと。
それが
コアコンセプト！

誰に？
何を？
独自性？
?
どうやったらビジネスとして
成り立つのか…
コアコンセプトを考える

1 コアコンセプトとは、
誰に × 何を × USP(独自性)
のこと

2 **誰に** をどうやって決めるのか

3 **何を** をどうやって決めるのか

4 **USP** をどうやって決めるのか

↓

何よりも大切なコアコンセプトは、
「お客さまの声」を聞くこと

↓

お客様の声に真剣に耳を傾け、
コアコンセプトを300回改善すれば、
どんなビジネスも成功する！

具体的には、
60
ページへ

3章のポイント

大きな問題となる起業資金。どうやって集めればいいの？

1 資金には、**開業資金**と**運転資金**のふたつがある

2 まずは**家計簿**をつけてみる。**計数管理**はビジネスに不可欠。起業には避けて通れない

3 **自己資金が十分にある場合**の起業はどうするのか

4 **自己資金が十分にない場合**の起業はどうするのか
→ 他社に応援してもらう →借金

5 借金には「**良い借金**」と「**悪い借金**」がある
・家族、政府系金融機関、地方自治体、民間金融機関、クラウドファンディング

6 **自己資金ゼロ**から始める起業

↓

あなたの思いが本物なら、資金ゼロでも起業できる！

具体的には、106ページへ

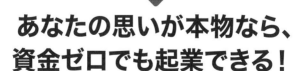

4章のポイント

起業について回るリスクとは何だろう。そして、そのコントロール方法とは?

経費を
抑える
生活水準を
どこまで
下げられる?
自分にあった
営業スキルを
みつける

1. 個人事業主の最大のリスクは、**収支のバランス**が**取れなくなる**こと
2. **自分のリスク許容度**はどのくらいあるのか
3. 最大の**リスクヘッジ**は**営業力**
4. **経費**を徹底的に**抑える**
5. **会社を辞めず**に**起業**する

↓

経費を抑えたビジネスモデルを研究すべし！

具体的には、134ページへ

5章のポイント

幸せな起業とは
じゅうぶんな収入が
あること。
そんなビジネスモデルは
どうやって
つくればいいのだろう。

お客様に満足
してもらい、
自分も
幸せになる
幸せな起業の
ために。

1 **自分のライフモデル**について
じっくり考えてみる

2 まずは**売上げの要素**について知る
売上げは下記の公式で表現するとわかりやすい

集客数 × 商品単価 × 販売成約率

集客数は、コアコンセプトの「誰に」に強く影響される
商品単価は、コアコンセプトの「何を」に強く影響される
販売成約率は、コアコンセプトの「USP」に強く影響される

3 **セールスフローの土台**となるのは
コアコンセプト（2章）

セールスフローとは、**「フロントエンド」（集客商品）**
「バックエンド」（収益商品）のこと。
場合によって、「ミドルエンド」を
用意したほうがいい場合も

4 収益モデルには「**良い収益モデル**」
と「**悪い収益モデル**」ある

↓

誰でも必ず、自分にマッチした
収益モデルを構築できる！

具体的には、
156
ページへ

6章のポイント

起業のために必要な知識を「私は持っているのか」と不安でならない人へ

弱いままでいい
必要な情報を集める
思い込みから抜け出す
関連本をたくさん読む

1 **知識不足という思い込み**から抜け出そう

2 強くなければ成功できないのではなく、**弱いままでも成功できる！**

3 そういう心構え、マインドセットをした上で、**必要な知識を集めていけばよい。** 方法としては、下記を推奨。

- 自分のビジネスジャンルの本をまずは10冊読む
- 情報が集まってきたらSNSやブログなどでアウトプットする
- 資格ばかりに目を向けない
- 自分のフィールドから一歩出てみる
- エネルギーの高い場所に行ってみる
- しかける側に回ってみる
- 食わず嫌いはあまりにももったいない

↓

弱い自分を認め、改善を繰り返すことができれば、あなたの起業は絶対に成功する！

具体的には、196ページへ

装幀　三枝未央
企画協力　（株）プレスコンサルティング　樺木宏
編集協力　イグゼロ
OfficeYuki
編集　松原健一、川名由衣（実務教育出版）

第1章

誰でも見つかる
ビジネス
アイディア

そもそもビジネスとは何か――自分軸と市場軸

もっともシンプルな問いかけから入っていきましょう。それは「ビジネスとは何か？」という質問です。

これは突き詰めてゆくと、「お客様に何かを提供して対価をいただくこと」に尽きます。そして、実際にビジネスをする時には、「提供するもの」と「お客様」の両方があって、はじめてビジネスになるわけです。

「何をそんな当たり前の話をしているんだ？」

とお思いになるかもしれませんが、いざ自分がビジネスを構築しようとすると、こんな基本的なことも頭から抜けてしまうことがあるので、気をつけたいところです。

ビジネスをやる時には、あなたが提供できるもの、あなたが発信したいもの、やりたいことという**「自分軸」**と、世の中にいるお客様のニーズや、時流といった**「市場軸」**というふたつがあります。そして、その「自分軸」「市場軸」が交わったところが「あなたのビジネス」となるわけです。

その上で、ビジネス構築のアプローチには2つの方法があります。最終的には「自分軸」

と「市場軸」がマッチするところがビジネスになるのですが、その主軸をどちらから考えるのかで、あなたがやるビジネスの方向性はまったく違ったものになるでしょう。

「自分軸」を主軸に考えた場合は、

「私はこれが得意だし好きだ。なので私の得意なものや好きなものに合うお客様を見つけて、お客様に合った形で提供していこう」

という思考回路になります。

対して「市場軸」を主軸にした場合は、

「今現在、市場ではこんなニーズがあり時流に乗っている。なので私も市場に合ったものを提供していこう」

という考え方になります。

双方ともに間違ったアプローチではありませんし、いずれにしてもあなたと市場をマッチさせないとビジネスとしては成立しません。

しかし、今までたくさんの方々の起業を見てきた中で、**「市場軸」から考えたビジネスは、そのほとんどが失敗に終わっています。**

ハードルの高い「市場軸」から考えたビジネス

自分がやりたいものではないものを、単にブームだからといって自分のビジネスの主軸にする。ついついやりがちですが、これはまったくお勧めできないビジネススタイルとなります。

なぜかというと、ほとんどの場合、ビジネスとして軌道に乗る前に、やっている本人が耐え切れなくなってしまうか、軌道に乗ったとしても充実感を感じられずに空しくなってしまうからです。

どんなテーマをビジネスに選んだとしても、そこにはある程度の努力が必要となります。どんなに商才に長《た》けていたとしても、ビジネスのベテランであっても変わりません。それなのに、自分がまったく興味がないようなものを「儲かりそうだから」という理由でチョイスして、心がともなわないまま進めようとしても、がんばる気が起きません。また、無理してがんばったとしても、ちょっとした壁にぶつかった途端に心が折れてしまったりするのです。

時流に乗っているビジネスというのは、それだけ競合も多いのが普通です。そんな並み居る競合の中には、そのビジネスを愛してやまない人もいますし、中には天才的な才覚の持ち主もいます。資金力が圧倒的な人も参入しているでしょう。

そんな中、経験も資金力もアドバンテージのない起業したての人が気軽に儲けようとしても、そうそううまく行かないのは、賢明なあなたならお分かりではないでしょうか。

「市場軸」を次々に読み取り、その時のニーズに合わせてどんどんビジネスを変えていけるのは、ビジネスのベテランか、ビジネスの申し子のような天才たちだけです。

もちろん、「私はビジネスの天才だ」という方は、「市場軸」からアプローチしてもらってもいいのですが、私としてはそのような**消耗戦にいきなり入るのではなく、あなたが愛してやまないようなことをビジネスにして、ビジネスの喜びをかみしめられるような「自分軸」から出発することをお勧めします。**

ハードルの低い「自分軸」ではじめるビジネス

「自分軸」を中心にして、自分のやりたいことを、どうやってお客様が喜ぶ形で提供できるのかを考える。それはもしかしたら時流に乗っていないかもしれませんし、たくさんの人のニーズに答えられるものではないかもしれません。しかし、メリットがたくさんあるのです。

まず、あなたが本当に好きなことなわけですから、飽きることがありません。**「商いは飽きない」**という昔からの言葉もありますが、飽きないものを自分の商いにすることで、多少の壁があったとしても諦《あきら》めずに乗り越えてゆけるようになります。中途半端な気持ちで手掛けた人は、その壁で諦めてゆくわけですから、それが目に見えない形の参入障壁にもなり得るわけです。

そしてもちろん、あなたのやりたいことなのですから、知識の吸収に貪欲《どんよく》になれますし、お客様の気持ちもくみ取りやすくなります。

自分がまったく興味のない商品やサービスを買うお客様の気持ちを理解するのは難しいですが、自分と同じような感性を持つお客様であるのならば、その気持ちを感じ取るのは難しくないですし、むしろ楽しいことにもなるでしょう。

さらに、コツコツとビジネスを自分のペースで創っていけるため、じっくりとビジネス経験を積むことができます。

仮に「市場軸」で、時流に乗ったビジネスが大当たりしてしまったら、どうなるでしょうか？　毎日のようにたくさんのお客様の対応に追われ、経験がともなわないためクレームが入りやすくなり、クレーム対応をしている間に新しいお客様の扱いも雑になってゆく……といった悪循環にも陥りかねません。

はじめは数は少なかったとしても、あなたの提供する商品やサービスのことを本当に理解してくれるお客様と一対一で接し、ていねいにお客様の声にも耳を傾け、さらなるサービス改善に取り組む。

そんなふうに繰り返しながら、あなたの中にビジネス経験が蓄積されてゆき、着実に成長を実感しながらビジネスを育んでゆく。そのような形のほうが健全だと思いませんか？

これは、あなたが逆に、小規模ビジネスのお客様になった時のことを考えてみるとイメージしやすいと思います。

一方の店は、扱っている商品やサービスにまったく思い入れや愛情を感じていないのがはっきり分かる店。店主はまったく楽しそうではなく、新しい知識を学ぼうともしない。そしてお客様であるあなたの気持ちに対して、ほとんど理解を示すことがない。

その一方で、あなたから見て本当に商品やサービスを愛しているのがはっきりと分かり、店主も楽しそうにサービス向上に努めている店。あなたの話にもていねいに耳を傾け、あなたの要望にもきちんと対応しようとしてくれる店があったとします。

あなただったら、どちらのお店で商品を購入したいと思うでしょうか？　多少値段が高かろうが、規模が小さかろうが、後者のお店から買いたいと思うのが普通ではないでしょうか。

その商品が、あなたにとってどうでもいいものであれば価格だけで選ぶかもしれませんが、あなたにとって大切な思い入れのあるものであればあるほど、きちんと愛情を持っている店から買いたいと思うのが自然ではないでしょうか。

ですので、あなたにもぜひ、**あなたの「やりたい」という思いを大切にした「自分軸」から入るビジネスを、まずはやっていただきたいのです。そのほうが成功する確率は高まりますし、あなたも、あなたの家族も、お客様も、多くの方が喜ぶ毎日を過ごすことができます。**

「でも、そんなに自分のやりたいことが分からない」ですとか、「自分のやりたいことがビジネスになるなんて思えない」と思っていても大丈夫です。

本書を読んでいくうちに、それはだんだんと明確になってゆくと思います。まずは「私のやりたいことをビジネスの主軸に置こう」ということだけを意識してください。

具体例▼市場軸ビジネスで失敗した私のケース

私自身、「市場軸」からビジネスをはじめて、うまくいかなかった経験があります。

私が狙った市場は、今でも根強く人気のある英会話です。

上京して数年が経ち、起業家としてある程度のキャリアも積んだ時の話で、当時の私のまわりには英会話市場に参入して採算の取れる条件がそろっていました。英語を教える先生も一流の方がいらっしゃいましたし、「英語を習いたい！」というニーズを持っている見込みのお客様も数千人単位でリーチできる状態でした。なので「これはいける」と踏んでスタートしたのですが、結果としてはうまくいきませんでした。

商品である英語も一流がそろっている。お客様もいる。でもうまくいかない。当時としては不思議で仕方がなかったのですが、今なら原因がはっきりと分かります。

原因はただひとつ。

私自身が「英語」という商品に、まったく興味を持てていなかったのです。

もちろん私も英語を流ちょうに話せる人は素敵だなと思いますし、英語ビジネスで成功されている方は本当にすごいな、と思います。ただ、私自身の嗜好として、英語にそれほどの愛情を注げなかったというのが失敗の理由です。

英語を学びたいという方たちの思いを、頭では理解していたつもりなのですが、心まで落とし込めていない。競合に対して、どうしても後手に回ってしまう。

そんなこともあって、英会話事業からは撤退することになったのです。

英会話ビジネスという巨大市場ではうまくいかなかった私ですが、ビジネス教育事業では、平均以上の成果を出すことができています。

市場の難易度という意味では、英会話ビジネスと同等か、それ以上のものだと思いますし、私がビジネス教育事業をやり始めた当初は、英会話ビジネスを始めた時よりも条件が整っていなかったのにもかかわらず、成果はメキメキと上がっていきました。

この違いは何なのか？

もう、「私がやりたいことだったから」という答えしか、思いつきません。

私はビジネス教育を通して、たくさんの人が幸せになることがうれしくて仕方がありません。

そのためだったら、寝食を忘れて活動できるとすら思っています。

そんな思いがビジネスの隅々にまで行きわたっている結果、成果が出続けているのだろうな、と私はしみじみと実感しているというわけです。

「本当にやりたいこと」の見つけ方

ビジネスをはじめられるのであれば（あるいは起業したてであるのならば）、市場に自分を合わせるのではなく、自分の本当にやりたいことをあなたのビジネスの主軸に置いて、そこから市場に則したビジネスモデルになるように模索するほうがいいですよ、というお話をしました。

私がそのような話をすると、多くの人が不安そうな顔でこのように訴えてきます。

「なるほど、たしかにブームに乗って大勢のライバルと戦いながらビジネスをするよりは、自分の好きなことを分かってもらいながら、じっくりとビジネスを育てていきたいと思います。でも、私は、自分が本当に何をやりたいのか、分からないんです」

「自分軸に合わせてビジネスするのは賛成です。でも、そこまで猛烈に好きなことってありませんし、本当にそれで食べていけるんですか？」

そんなふうに心配する方の気持ちは、とてもよく分かります。

私自身も、今は「自分の使命はビジネス教育だ」と胸を張って言えますが、起業当初にそこまでの情熱と自信があったのかというと、そうではありません。

ただ、だからこそ自分のやりたいことを明確にしておけば、

「無駄な時間、無駄なお金、無駄な労力を重ねることはなかったな」

「これから起業をされる方や、起業したての方には、私のような骨折り損は、してほしくないな」

という思いも強いわけです。

大丈夫です。**あなたの中にも必ず「本当にやりたいこと」は宿っていますし、それがどんなものであれ、ビジネスにして生活をしていくことは可能です。**

今まで私が支援をさせていただいた方全員が、本当にやりたいことをみつけています。

本書に書いてあることをていねいに実践していただけるのであれば、あなたは間違いなく「本当にやりたいこと」をみつけて、それをビジネスにできることでしょう。

では具体的に、どうやって「本当にやりたいこと」を掘り出してゆくのかをお伝えしていきましょう。

▼やりたいことの見つけ方①～「小さい頃」やっていたことを思い出す

幼い頃、あなたはどんなことに夢中でしたか？

男性でしたらヒーローごっこかもしれませんし、何かのコレクションだったかもしれません。女性でしたらおままごとかもしれませんし、お母さんのおしゃれを真似してみたりしたかもしれませんね。こんなふうに、**あなたが小さい頃に夢中だったものを思い出してみてください。できれば小学校低学年くらいまでに経験したことが望ましいです。**

小さい頃に夢中になっていたことは、純粋です。親に「もうそろそろやめなさい」「他にもすることあるでしょう？」と言われたのに、「もうちょっとだけ」と言ってやり続けたり、何回も怒られたのに、ついついやってしまったようなこと。

それがあなたの中に眠っている「やりたいこと」のダイヤの原石になります。

私は何も「小さい頃にヒーローごっこが好きだったのなら、ヒーローごっこをビジネスにしましょう」「あなたのやりたいことは、おままごとです」と言いたいわけではありません。小さい頃に好きだったものはダイヤの原石ですが、それそのものがすぐにあなたのビジネスに直結するかどうかは分かりません。

しかし、損得関係なしに、あなたが夢中だったことは揺るがしようのない事実なわけですから、そこにはあなたの**情熱を傾けられる「要素」が含まれている**ことは間違いないのです。

たとえば、ヒーローごっこが好きだったのならば、演じることが好きだったのかもしれませんし、ごっこ遊びの中でルールを作るのが好きだったのかもしれません。

あるいは友達との交流の場そのものが好きだったのかもしれませんし、ヒーローの存在である自分が好きだったり、正義を貫くことが好きだったのかもしれません。

おままごとが好きだったのであれば、料理のシーンが好きだったのかもしれませんし、子育てが好きだったのかもしれません。こちらも友達との空間が好きだった可能性もありますし、役割を楽しむことが好きだったのかもしれません。

あなたが幼いころに誰に言われなくてもずっとやっていた遊びを思い出してみてください。

そして、その次にその遊びのどこに魅力を感じていたのかを考えてみてください。

もちろん、好きだった遊びはひとつではないかもしれませんし、好きだった遊びの中に複数の魅力を感じていた場合もあるでしょう。それは大変に素晴らしいことです。

今の段階では、あなたのやりたいことを探るひとつのアプローチなので、あまり深く考えず、ゲーム感覚で気軽な気持ちで取り組んでもらえればいいと思います。

小さい頃の楽しかった自分に思いを馳せるのは、それだけで楽しい時間です。

ビジネスは眉間にしわを寄せてがんばれば成果が出る、といったものではありません。

ビジネスを継続させてゆくためには、その根幹に「楽しい！」という気持ちがないとうまく行きませんし、お客様を笑顔にすることもできません。

ぜひ、楽しみながら思い出してみてくださいね。

▼やりたいことの見つけ方②～「日常的にやっていること」を書き出す

あなたの本当にやりたいことは、小さい頃の記憶だけに眠っているわけではありません。今現在、あなたが日常的にやっていることにも、宝が隠されています。

今、あなたが義務でなく継続的にやっていることは何でしょうか？　仕事や家事の合間をぬって、自分の時間にやっていることは何でしょうか？

できれば、「これは将来の役に立つからやっている」とか、「最低限、これができないと恥ずかしいからやっている」という目的があるものではなく、**将来の計画もなく、楽しいからやっていることをピックアップ**してもらいたいと思います。

それは読書かもしれませんし、ゲームかもしれません。何か特定の趣味かも知れませんし、ブログをアップすることかもしれません。

生産的なものであるほうがビジネスモデルを構築しやすい部分もあるのですが、別にクリエイティブな活動でなくても構いません。自分がしているゲーム実況で大きな収入を得ている方もいらっしゃいますし、テレビの情報をまとめたブログで広告収入を得ている方もいらっしゃいます。今はそういう時代なのです。

なので、小さい頃楽しかったことと同様に、あまり自分に制限をかけることなく、気軽に自由に書き出していってもらいたいのです。

大人であるあなたが、時間を割いてでも優先的にやっていることに意味があります。

それはあなたの中で特別な価値を持っていることですし、「やりたいこと」の要素が含まれているものでもあります。

あなたが思った「それ」は、世の中のすべての人がやっているものではありませんが、世界中であなたしかやっていない、ということでもないでしょう。だとすると、あなたと同じような嗜好を持っている人に対して何かを提供し、対価を受け取ることができる可能性があるわけです。

「いや、でも私が普段やっていることがビジネスになるとは思えません」

という方もいるでしょうけれど、それは後で考えればいいので、今は自由に書き出してみてください。また、

「私のやっていることをビジネスにしている人もいますが、私はそこまでのレベルじゃありません」

と腰が引けてしまう人もいるかもしれません。何もその道のプロでなければお金をもらえない、というわけでもありません。アプローチによっては、あなたならではの価値を提供で

きる可能性もありますので、レベルを気にせずに、まずは列挙してみることをお勧めします。

▼やりたいことの見つけ方③～「圧倒的に楽にできること」を書き出す

他のアプローチも考えてみましょう。

あなたがさほど意識しないでやれてしまうのに、他の人から**「なぜそんなに上手くできるの？」「それをずっとやれるなんてすごいね！」**と言われるようなことはないでしょうか？

あなたとしては「これくらいできて、普通じゃないの？」と思うようなことで、思いのほか誰かから喜ばれたり感謝されたことはないでしょうか。

自然にできてしまうので、あなたの中では価値が低く見積もられているかも知れませんが、他の人から見ると、それは喉から手が出るほどほしい、キラキラした才能だったりもするのです。

誰でも、他の人に対して、「そんなに上手にできて羨ましい」と思ったことがあるでしょう。でも相手としては、さほどそのことに価値を感じていなかったり、ほめても「これくらい普通じゃない？」と、言われてしまったことはありませんか。

あなたが気づかないだけで、あなたにも必ずそのような才能はあります。

ただ、その才能は、他の人に言われてあなたが自覚をするまでは、ビジネスの核になり得ることに気が付きにくい性質のものでもあるのです。

その才能の出方は、それこそ千差万別です。

歌を歌ったり絵を描いたりすることかもしれませんし、運動をしたり踊ったりすることだったりもしますし、あるいはずっと文章を書いていても苦痛に感じなかったり、細かい数字の計算が人よりも素早く正確にできたりする人もいらっしゃるでしょう。

さらに、人のサポートをするのが得意であったり、裏方の仕事を苦もなくできる人もいるでしょうし、人前で話す時に緊張しない、という人もいるでしょう。

本人にとっては、それは呼吸をしたり歯磨きをしたりするのと同じくらい自然なことなので、そこに価値をまったく見出せていないことが多いのですが、立場を変えて見ると、「すごいとしか言いようがない！」と称賛されるようなことが、誰にでもあるものです。

ひとりで考えるのは難しいかもしれませんが、一度あらためて振り返ってみると、面白い発見があるかもしれません。

▼やりたいことの見つけ方④～「あなたの弱み」を書き出す

ここまでは、あなたの強みに焦点を当てる試みでしたが、逆にあなたが短所・弱点だと思っているようなことや、コンプレックスを抱いているようなことも、見方を変えると強烈な価値を秘めている可能性があります。

あなたの短所は、ひっくり返せば長所にもなり得ます。これといった才能を思いつかないのは、いろいろなことをマルチにできるという、器用貧乏ならぬ器用富豪だからかもしれません。じっとしていられない人は活動的とも言えますし、引きこもりがちな人はコツコツと何かをやり続ける能力が高いかもしれません。

そして何より、あなたのコンプレックスが何であれ、そのコンプレックスを抱いている人の気持ちが分かることそのものが、その人を癒す資格を得ているとも言えるのです。

ビジネスがうまく行く最大の秘訣は、お客様の声を真摯に聞くことです。お客様の気持ちが分からなければ、お客様はリピートをしてくれませんので、最終的には継続したビジネスにはなりません。

あなたの心の痛みは、必ずお客様が必要としている救いにもつながっているのです。

その上で、ひとつ、ここでお伝えしておきたいのは、**あなたが弱点と感じていたり、コンプレックスを感じていることを克服する必要はない**、ということです。

起業家というと、人間的にもタフで、何でもバリバリこなす人物像を思い浮かべるかもしれませんが、実際はまったく違います。計算が苦手な経営者もいますし、極度の緊張症の起業家もいます。自分の得意なことはずっとやっていられるのに、苦手なこととなると急激にダメになってしまう人もいますし、お客様に言われたひと言で、落ち込んでしょげ返ってしまう人もいます。

でも私はそれでいいのだと思います。

弱いまま成功すればいいのです。

私自身も、完璧な人間ではありません。むしろ、できないことのほうが多いでしょう。それでもビジネスはうまくいきますし、人間としての価値がどうこうという話でもありません。

あなたは、あなたのやりたいことで社会に貢献する。そして堂々とその対価を受け取る。そして互いに互いの良いところを提供し合って、支え合って生きてゆく。それが本来のあるべき形なのではないかと、常日頃から私は思っているのです。

私の好きな言葉に、

「強みを伸ばすのは社会貢献。しかし弱みを克服するのは自己満足」

というものがあります。本当にそうだな、と思います。

人は完璧になれません。完璧である必要が、そもそもありません。

私が自分の得意分野であるビジネス教育のスキルを徹底的に伸ばし、多くの人をサポートさせていただいているのは社会貢献になります。しかし、私が得意としていない英語を今から学んで、旅行に行った時に軽くひと言ふた言話せるようになったとしても、それは社会貢献になるでしょうか？　私は、それは自己満足にすぎない、と思うのです。

だとしたら、これは私に限った話ではなく、本書を読んでくださっているあなたにも当てはまると思うのです。

あなたは、あなたのやりたいことをやり、それをもって社会貢献すればいい。

あなたの苦手なことは、あなた以外の、それを得意としてくれる人がやってくれます。そして互いに繁栄することができれば、それが最高ではないかと思うのです。

▼やりたいことの見つけ方⑤～自分のことについて他人に聞いてみる

小さい頃好きだったこと、継続してやり続けていること、圧倒的に楽にできたり圧倒的に感謝されたこと、弱み……といったアプローチをお勧めしてきましたが、これを全部あなたひとりで考えるのは限界があるでしょう。

もちろん、最初はご自身でやってみることをお勧めしますが、自分でやってみて、「あまりうまく行かない」「出し尽くしたように思う」といった場合は、他の人に聞いてみることをお勧めします。

小さい頃好きだったことは、あなたのご両親や兄弟姉妹、それと幼なじみくらいにしか聞けないかもしれませんが、他のことについてなら、友人や会社の同僚、そしてパートナーなどにも聞くことができるでしょう。他の人に聞くと、「ああ、そんなふうに思われていたんだ」という新たな発見があるかもしれませんし、たくさんの人に聞くうちに共通項が見つかってゆくかもしれません。

この、「他の人に聞く」というのは、あなたのことをよく知っている人にしか聞いてはいけない、というわけではありません。あなたのことをよく知らない人でも、極端な話、初対面の人であっても、聞くチャンスがあったら聞いてみるといいと思います。

あなたのことをよく知らない人は、よく知っている人に比べれば的外れなことを言ってくる場合もあるでしょう。しかし、あなたの持っている「何となくの印象」というのは、予想よりも的確に伝えてくれるものです。ですので、煙たがられない範囲内で、積極的に聞いてみることをお勧めします。

他の人にあなたのことを聞いてみる時には、いくつかの注意点があります。

まず第一に**【話してくれたことに対して怒らない】**ということ。

当然と言えば当然なのですが、誰かに「私はどんな人？」と聞いた時に、いつも耳ざわりのいいことを言ってくれるとは限りません。

カチンとするようなことを言われたり、まったく予想外のことを言い出したりする人もいるでしょう。しかしそこで怒り出してしまっては、元も子もありません。せっかく率直な意見を伝えてくれるのですから、それがあなたにとって不本意な意見であっても、「教えてくれてありがとう」というスタンスを貫きましょう。そのスタンスは、将来お客様からクレームを頂戴した時にもきっと活かせるはずですので。

次に**【起業するとは言わない】**ということ。

あなたは起業のネタを見つけるために聞いているのですが、それを相手に伝えても、あまり分かってもらえないことが多いでしょう。例外としては、質問した相手もあなたと同じように起業を考えていたり、起業をしている人ならば別ですが、そうでない限りは、「起業なんてやめたほうがいい」「そんなアイディアがビジネスになるとは思えない」といった、あなたが必要としていない助言もされて、あなたの心にブレーキがかかってしまいます。

ですので、あくまで興味本位で聞いている、というスタンスで質問をするほうが有意義な意見をもらえると思います。

最後に**【たくさんの人に聞く。意見に引っ張られすぎない】**ということをお伝えしておきたいと思います。たとえどんなに信頼している人であっても、ひとりにだけ聞いてみるのではなく、できるかぎりたくさんの人に聞いてみてください。目安としては最低10人以上の人に聞いてみることをお勧めします。

なぜならば、どんな人でもそうですが、あなたも多面的な魅力を持っています。それをひとりの見方だけで、「私はこういう人なのか」と決めつけてしまうのはもったいないことですし、広さも奥行きも限定的になってしまいます。多くの人の意見を聞いて、そこから共通項をみつけてゆく、といった発見も、少人数の意見ではできなくなってしまいます。

さらに付け加えておくと、どんな意見をもらったとしても、その意見に引っ張られすぎないでください。意見に耳を傾けるのは大切ですが、その意見を取り入れるか取り入れないかを決めるのは、あなた自身です。

他の人にどんなに「あなたはこういう人だ」「あなたはこれを得意としている」と言われたとしても、あなたが興味がなかったり情熱を傾けられそうにないことを無理やりビジネスのネタにする必要はありません。

大切なのは「自分軸」です。

ただ、それを補完する意味で他の人の意見を聞いているわけなので、他者の意見に振り回されるのでは本末転倒です。

以上のようなことに気をつけながら、自分を立体的に見るためにも積極的に意見に耳を傾けてみてくださいね。

いかがでしょうか？　はじめは、ハッキリとした形でなくてもいいので、自分がやりたいことを探っていってみてください。

どのようなアプローチにも共通するのですが、考えているうちに憂鬱《ゆううつ》になったり、やらされ感を感じてしまったり、気がめいってしまうようなものは、あなたの「本当にやりたいこと」ではありません。

そうではなく、**楽しい感情になったり、妄想が広がったり、逆に使命感に燃えるようなものが、あなたの「本当にやりたいこと」のヒント**です。

もちろん、「やりたいことだけやっていれば、そのうちビジネスになる」といった甘いことをお伝えするつもりはありませんが、この時点では自分の感情に正直になって、探っていってくださいね。

ブレインダンプであなたの脳を全解剖する

ここまで書いてきた事を実践してもらえば、「私の本当にやりたいことは、これだったんだ！」と発見をしてくれる方や、「以前からうすうすは感じていたけれど、やっぱりコレだったんだんだな」という方がいると思います。

あるいは、「なるほど。ビジネスにできるかどうかは分からないけれど、自分のやりたいことは、おぼろげながら見えてきたかもしれない」という、何となくのイメージをつかまれた方もいらっしゃるかもしれません。

ただ、ここまで書いてあることを実践したにもかかわらず、どうも自分のやりたいことがハッキリとしないという方には、あなたの脳を全解剖してみることをお勧めします。

「脳を全解剖」といっても、特別な手術を受けろ、と言っているのではもちろんありません。これから紹介する方法は**「ブレインダンプ」**といって、**自己分析の最高峰の方法のひとつ**です。

ルールは簡単です。**誰にも邪魔されない空間で、あなたの頭にあることをすべて書き出してゆく、という作業**です。ブレインダンプをやる際には、できる限り時間的にも余裕のある

ブレインダンプのやり方

誰にも邪魔されない場所で、
あなたの頭にあることをすべて書き出す

これだけです。
時間的な余裕を持って、頭がすっきりとしているときにやるのが効果的です。

具体的には、生まれてから今にいたるまで、記憶に強く残っていること、良くも悪くも影響を与えた人物や物、出来事、有形無形の財産、未来にほしいもの……など、あなたの脳にあるものすべてを書き出します。最低でも100個以上書き出してください。
具体的には、

- いままでに体験したこと
- いままでに出会った人
- 勉強したことや習得したこと
- あなたにとっての事件
- うまくいったこと
- うまくいかなかったこと
- やってよかったこと
- やってよくなかったこと
- やらなければよかったこと
- 現在の環境について
- いま考えていること
- 将来体験したいこと
- ほしいもの
- 何をしたいか（どこで、誰と、何を、どのように）
- 好きな人、嫌いな人
- 影響を受けた人
- 好きな本、好きな映画、好きな食べ物……etc

一日でも、数日かけてでもOKです。

時、脳がクリアな状態でやるほうがいいでしょう。

あなたの脳にあることすべて。

それはつまり、今まで過去に**体験したこと**、**出会った人**、今までに**修得したこと**やあなたにとっての**事件**、**うまく行ったこと**や、**ダメだったこと**。**やってよかったこと**や、**やらなければよかったこと**。現在の**自分の環境や思っていること**。さらに**将来において体験したいことやほしいもの**、**どんなところで**、**誰と**、**どんなことを**、**どんなふうにしたいのか**、など……。

書き方に決まった書式もないので、あなたがやりやすい方法で構いません。ある人は箇条書きに書くでしょうし、マインドマップのような書き方を好む人もいます。

マニアックな方の中には、何日もぶっ通しで書き続ける人もいますし、書けるときに継続してコツコツと書いてゆく人もいます。いずれにしても**「これが私の頭の中のすべてか」と本人が思えるまで書くのが理想的だ**と言われています。

本当に頭の中にあることを全部書くのは困難かもしれませんが、**記憶に強く残っていることや**、**あなたに**（**良くも悪くも**）**影響を与えた人**。今の**自分が持っている有形無形の財産**。そして**未来において何をほしいと思っているのか**を書き出す作業は、あなたにとってエキサイティングな体験となるでしょう。

ブレインダンプをした後、それを客観的に眺めてみて、そこから共通項を探ってみることで、あなたの「本当にやりたいこと」を見つけてみてもいいでしょう。

また、過去・現在・未来という時間軸の流れの中で、自分という人間を俯瞰してみて、どのような選択をすれば理想的な未来に近づけるのかを考えてみてもいいでしょう。

理想的には、すでにビジネスを成功させている方で、あなたが全幅の信頼をおけるような方にブレインダンプの内容を見せて、「私はどのようなビジネスをするのがいいと思いますか？」と聞いてみるのは、非常に効果のある方法です。

手前味噌で恐縮ですが、私が主催している起業スクールである『坂本立志塾』では、このブレインダンプに近いことを塾生さんにやっていただき、それをもとに私がアドバイスをさせていただく、ということをやっています。

すると、本人が「まさかこれがビジネスになるとは思わなかった」といった発見や、「過去のこの経験と、まったく別のこのスキルが組み合わさると、こんな価値を生むのか!?」という発見をすることが多くあります。

あなたのことを一番知っているのは、あなたです。

それは間違いないのですが、あなたのことを正しく認識し、いちばん客観的に見られるのは、あなたとは限りません。

特に、「自分にビジネスなんてできるんだろうか？」と不安に思っている状態では、心にフィルターがかかってしまっている状態なので、自分の中にすでに持っている価値に気づきにくいことも多々あるのです。

ですので、ビジネスをすでに経験して、あなたが理想とする成果を出している先輩に、あなたのすべてをさらけ出してアドバイスを仰ぐ、ということをぜひやっていただければと思います。

その先輩が心ある起業家であるのならば、あなたのその真剣な申し出は嫌などころか、「よく私に聞いてくれた！」と歓迎してくれることでしょう。

実行するのは勇気がいると思いますが、ぜひやってみてくださいね。

具体例▼心理カウンセラーで起業した三木さんのケース

私のスクール生の中に三木さんという方がいらっしゃいます。

その方は起業するまでは、とある企業にお勤めだったのですが、業務がハードでなかなか慣れることができず、日に日に体調を崩し、最終的には心まで壊れてしまい、いわゆる「うつ」の状態になってしまったそうです。

三木さんはご自身のそんな経験を踏まえ、「私のように心が壊れてしまったような人を、少しでも楽にするお手伝いをしたい」と心に誓い、それまで何の勉強もしていなかったにもかかわらず、コツコツと学び、心理カウンセラーの資格を取得しました。

実際に自分がうつになってしまった経験から、「私は弱い」ということを受け入れ、そこから他の人の助けになりたいと実際に行動する。

言葉で言うのは簡単かもしれませんが、自分の弱さを受け入れて行動するのは並大抵のことではできないと思います。それだけ彼の中で「本当にやりたい！」という強い思い、意思が固まったのでしょう。

彼はカウンセラーの中でも非常に難易度が高い、**パニック障害を患っている方々の支援をする専門の心理カウンセラーとして起業**し、現在では毎月50名以上のパニック障害と戦っている方の支援をし続けています。

第2章

本当にやりたいことで起業する方法

コアコンセプトとは何か――起業に必要な考え方は3つだけ

1章に書いたことを実行してもらえれば、あなたがビジネスとして取り組むべき「本当にやりたいこと」が見えてくると思います。

ある人は、「これこそが私がずっと飽きないことだ！」と確信し、まったくブレることのない自分軸を発見するかもしれません。

またある人は、「これが本当に私のやりたいことなのかな？」「いくつか出てきたけれど、どれかひとつに絞るとなると難しいな」と感じているかも知れません。

いずれにしても、それをビジネスにするためには、もうひとつの軸である「市場軸」に沿ったビジネスの形に仕立ててゆく必要があります。本章では「あなたの本当にやりたいことをビジネスの形にしてゆく方法」をお伝えしてゆきたいと思います。

本章で紹介することをやっているうちに、あなたのビジネスモデルは明確になってゆくでしょうし、半信半疑だった自分の「本当にやりたいこと」が、ビジネスになると実感してもらえるかと思います。

「ビジネスを考える」と聞くと身構えてしまいがちですが、**起業に必要な考え方は、実は3**

つだけだということを、まずはお知らせしたいと思います。

これは上場企業のような大規模なビジネスであっても、個人レベルで営んでいるものであっても変わることはありません。

今からご紹介する３つのポイントが受け入れられれば、どんなものであってもビジネスになって成長させることができますし、逆にどんなに大資本を傾けたとしても、この３つのポイントがズレていたら、そのビジネスが成功することはありません。

このシンプルで奥の深い３つのポイントを、私は**「コアコンセプト」**と呼んでいます。

まさにビジネスのコア（核）となるもので、新規ビジネスの立ち上げも、今までのビジネスを見直す時も、まずはこのコアコンセプトだけを考えた後、具体的な細かい作業に入っていくことを強くお勧めしています。

……と、ここまで読んでいると、どんなポイントが出てくるのかと、期待半分・怖さ半分になってしまうかもしれませんが、コアコンセプトとは、それ自体はとてもシンプルな形を取っています。

【コアコンセプト ＝ 誰に × 何を × ＵＳＰ（独自性）】

これだけです。

誰に（どんなお客様に）、何を（どんな商品やサービスを）、どんな切り口で、どんなオリジナリティで（USP）で届けるのか？

コアコンセプトさえ明確になり、それに対してお金を支払うほどの魅力を感じる人が一定数以上いるのであれば、あなたの本当にやりたいことがどんなことであっても、ビジネスとして成立します。

逆に言うと、このコアコンセプトづくりの過程で、顧客のターゲットが大外れであったり、商品やサービスの提供方法に見向きもされず、あなたから買う理由がなかったりすれば、いかに時流に乗っていても、有利に思われるビジネスであったとしても、失敗に終わります。

あなたが「これは魅力的だ」と思う商品やサービスには、必ずあなたにマッチしたコアコンセプトがあるはずです。

普段は意識しないかもしれませんが、あなたがお金を支払って購入した魅力ある商品を思い浮かべてみてほしいのです。

分かりやすいのは、生活必需品でないもので、かつ大量販売もされていない嗜好品を考えてみると、あなたにとってのコアコンセプトを想像しやすいでしょう。

たとえば、洋服、何回も通っている飲食店、アクセサリーや趣味のコレクターズアイテム、あるいはネットでダウンロードできるデータ、ライブなどの無形のサービス……。

いずれにしても、**「これはお気に入りだ」「買ってよかった」とあなたが心から満足できるものは、商品のコアコンセプトがあなたにフィットしている商品やサービス**だと言えるでしょう。

このように考えてみると、これからビジネスを考えていく上で、コアコンセプトを明確にしてゆく意義や価値が理解できるのではないでしょうか。

人数が少なかったとしても、「これこそが私の求めていたものだ！」とお客様が納得するコンセプトの商品を提案する。するとあなたはご自身が本当に興味のある、やりたいことを提供しているだけなのに、「本当にありがとう」と購入したお客様から感謝の言葉をもらえたり、何回も購入していただけたりする。

これが、ビジネスの形ではないでしょうか？

飽きずに末永く継続でき、お客様からも愛され続ける商品やサービスを提供する。そのために考えることは、たった３つ。

誰に、何を、USP。

では、これら３つの要素を使ってどのようにコアコンセプトを構築してゆくのかを、具体的に、じっくりと見てゆくことにしましょう。

コアコンセプトを構成する3要素——「誰に」「何を」「USP」

先ほども触れたように、コアコンセプトには「誰に」「何を」「ＵＳＰ」という３つの要素があり、そのどれもが大変に重要な意味を持っています。

そして、その３つの要素はそれぞれが独立しているのではなく、有機的に影響し合っているものなので、「まず最初にこの要素を考えて、その次はこれ……」といった性格のものではない、ということを理解しておいてください。

ですので、３つの要素を行きつ戻りつして考えてゆき、最終的にひとつのコアコンセプトに定める、という進め方をしていくことになります。

また、後で詳しく説明させてもらいますが、コアコンセプトは1回つくったらそれで終わり、というものではありません。

はじめは机上でコンセプトをつくるのですが、それを実際に市場でテストしてみると、さまざまな反応が出てきます。

最初に定めたコンセプトで１００点満点という結果が出ることは極めて少なく、ほとんどの場合は「誰に」「何を」「ＵＳＰ」をより詳細に突き詰めたり、あるいは大幅な方向転換をはかったりする必要が出てきたりもします。

私が自分のスクールでコアコンセプトをお伝えしている時には、

「お客様の声に真剣に耳を傾け、コアコンセプトを３００回改善すれば、どんなビジネスも成功する」

と言っています。

はじめて聞く方は、「そんなに何回も変えなければいけないのか!?」と愕然とするかもしれませんが、あくまで目安ですし、ものの例えですので、今はそこまで気負わずに進めてくだされば幸いです。

ただ、お客様の声を聞いて何回も改善を重ねることは必要不可欠です。だからこそ起業は、「あなたの本当にやりたいこと」でないと、途中でやる気を失ってしまったり飽きてしまったりすると思うのです。

私が自分軸を大切にしてください、と切に願っているのは、こうした意味からです。

では、まずはコアコンセプトの要素のひとつである、「誰に」を詳しく説明していきたいと思います。

「誰に」を決める――コアコンセプト①

コアコンセプトの「誰に」。

これはあなたの**商品やサービスに対して、お金を支払ってくれるお客様の候補を考える**ということになります。

起業したての頃は、「購入してくれる人は誰でもいい」という考えに陥ってしまったり、「私が提供している商品は、老若男女、どんな状況の人にも役に立つものだ」と思い込んでしまい、お客様の絞り込みを怠ってしまいがちになります。

そのような商品やサービスは、これだけモノやサービスがあふれかえっている現在の日本では、見向きもされません。

下世話なたとえかもしれませんが、あなたのことを好きだという異性が現れたとします。そこであなたは「私のどこが好きなの？」と聞きます。

「男性だったら（女性だったら）誰でもよかったんだ」と言われるのと、あなたが大切にしているることや趣味、あなたの本当の性格などを詳しく知ったうえで「好き」と言ってくれるのと、あなたはどちらがうれしいと感じますか？

もちろん後者ですよね？　お客様も同じです。お客様は世の中にあふれている商品の中から、自分に合ったものを探しているのです。その中で「これだ！」と思ったものを購入してくださる。

個人ベースでやっている小規模ビジネスであればなおさら、「あなたのためにこんな商品を用意させていただきました」という商品でなければ、魅力を感じてもらうのは難しいでしょう。実際、商品を買ったり、小規模なビジネスでサービスを受ける時、あなたも同じ選択をされると思います。

▼お客様がひとりになるまでターゲットをしぼる

「なるほど、ではお客様になる方をしぼりたいと思うのですが、一体どれくらいまでしぼればいいのですか？」

という疑問を持たれた方にお答えします。答えは、「お客様がたったひとりになるまでしぼる」というくらい、徹底的にしぼります。

お客様の性別はもちろん、年齢は「30代」といったあいまいなものではなく「34歳」といった形で、決め打ちをしてしまいます。具体的に挙げてみましょう。

・どんなお仕事をされていて、その中でもどんな役割を担っているのか？
・出身はどこで、住んでいる場所はどこなのか？
・一戸建てなのか、マンションか？
・持ち家か、賃貸か？
・家族構成は？
・平日は朝から晩までどのようなスケジュールで動いていて、休日は何をしているのか？
・趣味は何か？
・口癖はどのようなものか？
・将来はどんな夢を持っているのか？

極端に感じるかもしれませんが、自分のお客様をイメージする、というのはこのくらい徹底してやるべきです。

特にビジネスの立ち上げ期、もっとも難しいのが、「最初のお客様に来ていただくまで」です。そのためにやりがちなミスは、「誰でもいいから来てください」というメッセージを発信してしまうことです。それは「性別が違えば誰でもいいので、つきあってください」と告白しているのと同じくらい愚かしい行為です。ですので、特にビジネス**立ち上げ期であればあるほど、お客様をしぼりにしぼってください**。

感覚的な話ですが、お客様の持っているであろう要素（性別、年齢、口癖など）を7つから8つ設定してはじめて、やっとお客様が興味を持ってくれるかどうかのライン、というイメージですので、とにかくしぼり込んでみてください。

ここまで話をすると、

「しぼり込むのはいいのですが、そこまでしぼりこんだら、お客様候補なんていなくなってしまうのではないでしょうか？」

「私の商品やサービスで、そこまでしぼってしまったら、本当にひとりもお客様がいなくなってしまいます」

といった心配を、私のスクールに通っている人からも聞きます。しかし安心してください。**不思議なことにしぼればしぼるほど、あなたにとって理想的なお客様が現れるようになります**。

もし仮にまったくお客様が現れなかったとしても、そこであなたが失うものはほとんどありません。

「このターゲットは、この商品には響かなかったのか」と、また少し時間をかけて考え直せばいいだけのことですし、もしくはしぼりにしぼり込んだ後に、少しそのしぼり込みを緩めてみる。これは簡単ですよね。だからまずはしぼり込みを全力でやるのです。

ここまでスクール生にお伝えして実際にしぼり込んでもらうと、ほぼ１００％の確率で

「坂本さん。騙されたと思って、本当に思いっきりお客様をしぼり込んだら、申し込みがありました！」

「お客様に、〝これは私のために作ってくれたサービスですよね！〟と心から喜んでもらえました！」

という報告をしてくれます。

「こんなにしぼり込んでしまって大丈夫なのだろうか？」と心配になるほど「誰に」をしぼり込むと、興味を持ってくださるお客様が現れるのです。

もちろん、この後にお伝えしてゆく、「何を」「ＵＳＰ」と一貫性を持っていないと、その磁力は働きませんが、まずは大胆に、「こんなお客様にこそ、私の商品を届けたい」というしぼり込みを行ってください。

さて、ここまでの説明でコアコンセプトの「誰に」は、しぼり込みが大切であることが分かっていただけたと思います。

その上で、もうひとつ、しぼり込みの方向性の話をお伝えしたいと思います。

▼あなたは誰を助けたいのか

方向性としては、**「あなたが関わることによって、誰を助けたいのか？」**というのが考え方の基本です。

お客様は、何かの問題を抱えている。それは何らかの悩みや苦しみからの解放かもしれないですし、より楽しいことの追求かもしれませんが、いずれにしても**「今よりも違う何か」を欲しているわけです**。そうでなければ、「買わなきゃよかった」という失敗のリスクをとってまで、わざわざあなたのところから（お客様にとっては）新しい商品やサービスを購入しようとはしません。

ですので、あなたが商品やサービスを提供することによって、「誰が助かるのか」を考えてゆくのが定石となります。

これは、「何を」「ＵＳＰ」という残り2つのコアコンセプトの要素がまったく分からなければ雲をつかむような話になってしまうので、すべてを少しずつ考えてゆき、定めてゆく、という形になるでしょう。

「私は一体、誰を助けたいのだろう？」と考えを突き詰めてゆくと、たいていの場合は、**「過**

去の自分自身」という結論に行き当たることが多いと思います。

これはごく自然なこと。自分軸でビジネスを考えてゆく場合、自身の過去から見つかった、本当に自分が好きで時間をかけてやってきたことがその中心に据えられます。

その「本当にやりたいこと」は、あなたにとって、あるのが当たり前のようになっているものでもあるでしょう。しかしその「本当にやりたいこと」の知識や技術が身につくまでには、さまざまな過程《プロセス》があったはずです。

そこで、**「今の自分ならば、もっとうまくできるのに」「あの時の私に会えるのであれば、こんなアドバイスをして助けてあげたい」と思ったことはありませんか。**

残念ながら過去のあなた本人を直接助けることはできません。が、今現在、あなたと同じようなことに興味を持ち、上手くできずに悩んでいたり、もっと上達・成長したいと思っている人に手を差し伸べることはできます。

それがあなたの潜在的なお客様候補になるのは、とても理にかなっていると思いませんか？

私事で恐縮ですが、**私自身も今ビジネス教育をやっているのは、過去の自分自身が、小規模からのビジネスをどうやって始めればいいのかを試行錯誤していた経験があるからです。**

ある程度、自分のビジネスを理解した時に、心の底から手を差し伸べて誰かの役に立ちたいと思うのは、やはり過去の自分自身のように、どこからどうやって手を付けていいのか分からないで迷っている人なのです。

さらにもっとルーツをたどって行けば、頼りがいのある大人になって、「親を安心させたかった」「大切な家族を助けたかった」という思いに繋がってゆくのでしょうが、いずれにしても、**「今よりも頼りなかった過去の自分」**というのは、お客様の姿をイメージしてゆく時の、強力なガイドとなることでしょう。

あなたの理想的なお客様。その「誰に」を明確にさせてゆき、コアコンセプトを強いものにしていってくださいね。

具体例１▼大型バイクをコアコンセプトにした今泉さんのケース

私のスクール生の中に今泉さんという40代の方がいらっしゃいます。その方は大型バイクをこよなく愛されていて、自分のビジネスの中心を大型バイク関連にすることに決め、コアコンセプトづくりをしていきました。

はじめは、大型バイクに乗れていない時の自分自身を思い浮かべ、バイクの免許を取ったものの、「どうやってツーリングを楽しめばいいのかが分からない20代」のために情報発信をしていました。

ところがいざ蓋を開けてみると、なかなかお客様が購入をしてくれない。情報自体は質のいいものでしたし、オリジナリティもあって斬新だったので、「何を」「USP」自体は、悪いわけではなかったのです。

彼の情報はまったくニーズがないというわけではなく、ひとつ、またひとつとポツポツと売れていっていたのですが、そのお客様を分析してゆくと、何と彼がターゲットにしようとしていた20代のお客様ではなく、50代になってからはじめて大型バイクの免許を取ったものの、そこからどうしていいのか迷っていた方が購入をしていることが判明しました。

まさか彼も、自分よりひと回りもふた回りも上の人生の先輩たちがノウハウを必要としているとは思いもよらなかったのですが、ニーズはまさに予想外のところにあったのです。

そこで彼は商品設計を見直し、「50代ではじめて大型バイクの免許を取られた方が、カッコ良くバイクでツーリングする方法」を発信し始めたところ、それが大当たり！

今では今泉さんは、50代以上の方向けのツーリングツアーなども企画して、順調にビジネスを成長させていらっしゃいます。

このように、自分が思っていなかったような方向にコアコンセプトを変更することで停滞を打開できることがあります。

「そのようなお客様は相手にしたくない」というのであれば話は別です。しかし、あなたの「本当にやりたい」という気持ちから遠く離れたことでなければ、積極的に見直しをはかり、必要とするお客様にベストフィットした形で商品やサービスを提供することでビジネスが軌道に乗ることもあることを知っておいてください。

具体例2▼手作りバッグをコアコンセプトにした宮崎さんのケース

もうひとり、私のスクール生の中で、「誰に」というターゲットをしぼって成功させた例をご紹介したいと思います。

その方は宮崎さんという女性の方で、手作りのバッグを販売することを「本当にやりたいこと」と定めていました。その手作りバックは非常に愛情のこもったもので、温かなぬくもりを感じる素晴らしいものでした。しかし、単に「手作りバッグを売っています」といっても、誰も振り向いてはくれません。そこで彼女は、ユニークなお客様のしぼり込みを実行します。

彼女は自分のバッグを買ってくださるお客様を、「幼稚園や小学校の受験を控えたお母様方」にしぼりました。これだけを聞くと、どこにニーズがあるのかよく分かりませんが、彼女のバッグが活躍するのは、お子様が受験をする際の親子面接の時です。

親子面接の時に、志望校の先生方はさまざまな視点からご家族をチェックされるのだそうです。質疑応答の内容だけでなく、姿勢や服装、そして何と母親の持っているバッグに至るまで。

面接の際に持っているバッグは、高級ブランドのバッグがいいわけではありません。家庭的な、愛情を感じるバッグこそが、面接官の心をなごませ、そんなご家庭で育ったお子さんであるのならば喜んでお預かりしよう。先生方のそうした気持ちをひと押しするグッズになるというのです。

「自分でバッグをつくれないのに、家庭的な雰囲気を演出しようなんておかしい」と思う方もいるかもしれませんね。

しかし購入されるお客様は、愛する我が子が志望校に進学できるのであれば、どんな些細なことにでも心を配ろうとする愛情にあふれた方が多いそうです。受験が終わったあとも宮崎さんのつくった作品のファンになり、彼女がつくった他のバッグやお財布などを定期的にご購入してくださる方も多いとのことです。

宮崎さんが自分にとって理想的なお客様に選んだのは、そんな愛情あふれるご家庭を持つお母様方だった、ということですね。

入口は、どのような形もあり得ます。

その上で、あなたが末永くお付き合いをしていきたいお客様のしぼり込みを考えてみてはいかがでしょうか。

どんなことに悩み、どんなことに幸せを感じ、どんな日々を送っているのだろう？

そんなふうに深くお客様のことを考えてゆけばゆくほど、理想的なつながりと、そのきっかけを発見できるのではないか。宮崎さんの話を聞いていて私はそんなふうに感じたのでした。

「何を」を決める――コアコンセプト②

さて、では次にふたつ目のコアコンセプトである、「何を」を説明していきましょう。

コアコンセプトの「誰に」「何を」「USP」は3つの要素がからみあって決まってくるので、ひとつの要素が定まってから次の要素を考える、といったものではありません。3要素を同時に考えることは難しいので、ひとつずつ考えては修正する、行きつ戻りつのようなイメージで、少しずつ固めていくことを目指しましょう。

この「何を」は、お客様に提供する商品やサービスを指しているのですが、商品やサービスが決まれば、あとは何も考えなくていいのかというと、そうではありません。

75ページで紹介した手作りバッグの具体例を見ればお分かりのように、「バッグを販売する」ということを決めただけでは、「何を」の半分も決まっていないのです。

▼お客様は商品のどこに魅力を感じてお金を払うのか

ここからは、ビジネスのコンセプトですので、「お客様は商品のどこに魅力を感じてお金を支払うのか？」ということを考えてゆくことになります。

あなたがビジネスをはじめたと聞いたら、あなたと親しい（そして直接の利害関係がない）人は、あなたに対して、「そのビジネス、いいね」「応援してるよ」と言葉をかけてくれるでしょう。あなたのことをさほど知らない人も、いきなり文句を言ったりはせず、静観をしてくれると思います。

しかし、その人たちがあなたの商品やサービスを購入してくれるかというと、話はガラリと変わります。

かなり親しい人であれば、一度くらいは購入してくれるかもしれません。しかしほとんどの人は必要のない商品を何回も購入はしないでしょう。つまり、多くの方々に商品を買ってもらうためにも、「お客様は、この商品のどこに魅力を感じてお金を支払ってくれるのか？」ということを考えることが大切なのです。

「何を」の考え方を深めるためには、「この商品は、お客様のどんな悩みを解決するだろうか？」という問いかけが必要となります。

お客様がお金を支払うのは、「問題解決」と「未来創造」のふたつになります。簡単に言えば、**「問題解決」**は、悩みや苦しみを和らげたり解消してくれるもの。そして**「未来創造」**は、今よりももっと楽しくなったり、好奇心を満たしてくれたり、お客様が今よりも快適になるものです。

▼スモールビジネスは「問題解決」から考える

アプローチとしての順位でいうと、小規模ビジネスからスタートする場合、まずは「問題解決」から考えてみることをお勧めします。

理由としては、大きくはふたつあります。

ひとつは、**未来創造よりも問題解決のほうが緊急性が高く、お客様が「お金を支払ってでもほしい」と思ってもらう可能性が高い**、ということが挙げられます。

人は本能的に、今ある痛みを除去するほうを優先する傾向があり、そのためならばお金を支払ってもいい、と判断を下すことが多いのです。

あなたの指にトゲが刺さっている状況だったとしたら、「いい香りのするフレグランス」よりも「トゲ抜き」を優先するでしょう。そんなお客様が抱えているさまざまな「トゲ」を、あなたの商品によって解決できるかどうかを考えるほうが緊急性に訴えることができる、というわけです。

もうひとつの理由としては、**「未来創造」型の商品やサービスは、経費が高くつくことが**

多い、ということが挙げられます。

もちろん、お客様を快適にするサービスの中には、あなたひとりででき、大きな設備投資が不必要なものもありますし、あなたが本当にやりたいことが、お客様に未来を提供することであれば止めることはありません。

その上で、やはりお客様に心から満足してもらうためには、整った設備、人数もじゅうぶんで、かつ教育が施されたスタッフ、お客様がほしいと思った時にすぐさま対応できる仕組みなど、多くの準備が必要な場合が多く、満足できるものにするためには起業資金がかなり必要だろう、というのが、私の今までの経験則です。

たとえ同じ商品やサービスによっても、訴えかける方向性を変えるだけで見え方が変わります。たとえばマッサージ店などの場合、リラクゼーションを売りにするよりも、「長年抱えている痛みを和らげます」というだけでガラリとイメージが変わります。

どんなお客様が、あなたの商品やサービスを、「緊急で」「お金を払ってでも」ほしいと思っているのか？

多くのお客様は保守的です。基本的には、「今、持っているものでじゅうぶん」と考えますし、今までにないような画期的な商品であったとしても、「少し様子を見よう」とおよび腰になってしまうことが多いと言えます。

そのような中で、「でも、この商品やサービスは私に必要だ！」「これはすぐにでもほしい！」と思ってくれるようなお客様に届くアプローチが必要となるのです。

これは別に「お客様を煽《あお》って購入を促せ」と言っているのではありません。あなたが大切に育て上げた商品を、必要としているお客様に届けるために、**お客様の立場に立って考えてみる**、ということです。

あなたの商品の特性を一番よく知っているのは、他ならぬあなたです。

ですので、あなたの商品の「何を」アピールすればお客様に喜んでいただくことができるのか。理想的なお客様とはどのようなお客様なのか。それを分かるのは、起業家であるあなたご自身、ということになります。

▼ここで「本当にやりたいこと」を見直してみる

ここでもう一度、「本当にやりたいこと」を考えてみましょう。

コアコンセプトの「何を」は、シンプルに考えれば**起業家であるあなたが「本当にやりたいこと」というのが答え**になります。ただ、その上で「やりたいことをやりたいようにしていれば、お金はあとからついてくる」といった考え方は、個人的には危険だと思いますし、お客様に失礼だとも言えます。自分軸だけを考えて、市場軸のことをまったく考えていない、お客様不在の思考回路だからです。

趣味であれば問題にはなりませんが、お客様から金銭をお預かりして価値を提供するビジネスにおいては、責任感が薄い考え方だと私は思うのです。

せっかくビジネスをするのですから、かかわるお客様がどうしたらもっと喜んでくれるのかを考えたほうがいいと思いますし、そうやって考えた結果、本当にお客様が喜んでくれた時の喜びは、趣味では味わえない充実感をもたらしてもくれます。

あなたの「本当にやりたいこと」は、現時点でたったひとつにしぼられているかもしれませんし、いくつかの候補があるかもしれません。

複数の候補があり、それに甲乙つけがたいのであれば、

「では、このやりたいことの中で、誰かの問題解決につながりそうなものはどれだろう？」

「このいくつかの候補の中で、お客様がお金を支払ってもほしがるようなものは、どれだろう？」

と考えてみるのがいいかもしれません。

どのようなものでもビジネスにすることはできますが、その難易度はさまざまです。あなたがイメージしやすいものをビジネスにすることは素晴らしいことでしょう。ただし、何回も言っていますが、あくまで「あなたが本当にやりたいこと」の中から選ぶ、という軸はずらさないでくださいね。

▼必ずしもやりたいことそのものを提供する必要はない

もうひとつコアコンセプトの「何を」を考えてゆくうえでのヒントを提供したいと思います。

あなたが本当にやりたいことをビジネスの中心に据えることは、絶対に曲げないでいただきたいのですが、その上でお伝えしたいのが、「やりたいことそのものを提供しなくてもいい」ということです。

たとえば、あなたが歌が好きだったとします。だからといってあなたが「絶対に歌手にならなければいけない」というわけではありません。もちろん、あなたが「絶対歌手になりたい！」というのであれば、それを止めるつもりもないのですが、「本当にやりたいことが歌＝歌手しかない」というのは、ビジネスとして考えた時には視野を狭くしてしまいます。

どのようなジャンルであっても、その周辺には無数のビジネスの広がりがあります。

歌であるのならば、歌うのをビジネスにする方法もありますし、歌い方を教えるのも、楽曲を提供するのも、コンサートホールを提供するのも、コンサートをサポートするのも、歌手の動画を配信するのも、歌手を芸能事務所にあっせんするのも、芸能事務所自体を買収するのも、すべてビジネスになり得ます。

くどいようですが、あなたが本当にやりたいことを曲げる必要はありませんし、自分の夢を「下方修正」する必要もありません。

ただ、やりたいことをビジネスにするうえで、**「この方法しかない」と視野を自ら狭くしてしまって、自分に無理のある形で進めていても辛くなるだけ**です。ですので、あなたの「本当にやりたいこと」から、どんな展開があるのかを柔軟に考えた上で、コアコンセプトとして定めることをお勧めします。

あなたのやりたいこと、そのものをビジネスにする場合は、サービス提供者や製作者の直販という形をとるでしょう。

そうではなく、ノウハウを販売したりする方法もあると思いますし、卸売りといった流通に回ることも選択肢としてあります。

また、お客様が集まる「場」を提供して、広告収入を得たり、他の事業者とのマッチングをはかったりする方法もありますし、事業のサポート部門を引き受けることもできるでしょう。

さらには、事業のシステムを構築してライセンス販売、フランチャイズ販売にしたり、事業そのものを売買するということもできるでしょう。

ご自身のやりたいことや、あなたが何の苦労もなくできてしまうことなどを鑑みながら、**どのような価値提供が自分とお客様を最も喜ばせることができるのか？** それを柔軟に考えてゆくことが、コアコンセプトの「何を」を定めてゆくことになります。

具体例▼講師サポートをコアコンセプトにした篠原さんのケース

私のスクール生のおひとりで、篠原さんという方がいらっしゃいます。彼女は私のセミナーに熱心に通ってくださり、起業をすることを決意してくれた人で、私と同じように教育関連の仕事こそが、私の本当にやりたいことだ！ と、コアコンセプトを教育事業にしている方です。

ただ、私が先生の立場だったため、「教育事業をやるためには、坂本さんのように、人前で何かを教えられる人にならなければならない」と、セミナー講師の道を歩み始めたのですが、どうもしっくりとこなかったらしいのです。

彼女の中では「教育事業＝セミナー」であり、「セミナー＝講師をやる」というのが当たり前の考えだった時期もあったようなのですが、やればやるほど自分から元気が失われてゆく日々を送っていました。

実は彼女、人手が足りないということでセミナーのサポートもやっていたのですが、毎回「なぜそんなに早くできるの？」「そこまで配慮できるなんて、すごい才能だね！」と、驚かれるような成果を挙げていました。彼女自身は、「こんなのできて、当たり前」と、呼吸をするように自然にできてしまっていることが、他の人から見ると神業としか思えないほどのクオリティだったのです。

また、彼女自身も自分が講師として登壇するよりも、他の講師の方のサポートをしたり、裏方で準備をすることに喜びを見出していました。それは彼女にとって「講師ができなかったから」ということではなく、「サポートのほうが、本当に私がやりたいことだったんだ！」という発見だったのです。

そのことに気づいた彼女は、それからサポート事業の拡充を図り、集客に悩んでいたカメラ事業者の集客を手伝い、10万人以上の見込み客を集めたり、「篠原さんでないと困る」という多くの企業から指命されて支援活動をし、自身も不動産を購入し家賃収入を得られるまでになっています。ちなみに、私の会社も彼女にサポート業務を依頼し、活躍をしていただいています。本当に彼女の存在のおかげで、私の事業は安定しているといっても過言ではありません。

あなたの事業も、ぜひ柔軟に視野を広げて考えてみてくださいね。

「USP」を決める——コアコンセプト③

これまで説明をさせていただいた「誰に」「何を」という問いかけは、言葉自体もなじみ深いものであるので取り組みやすいかと思います。

しかし、この「USP」に関しては、あまり聞きなれていない言葉ですし、聞いたことがある方にしても、深く考えたことのある人は少ないかと思います。

「USP」というのは「Unique Selling Proposition」の略で、直訳すれば「独特な・売りの・提案」となるでしょうか。私流に解釈をすれば**「あなたが一番にこだわれるもの」**であり、**「お客様があなたから商品やサービスを買う理由」**となります。

なぜお客様は、あなたのところで購入するのでしょうか。

それはあなたのところにしかない魅力があるからです。

その魅力は、「安いから」「近いから」「便利だから」かもしれませんし、あなた自身のファンになっているので購入する、という場合もあるでしょう。

いずれにしても、**あなたが一番にこだわっているところがどこで、その独自性をどうやってお客様に知ってもらうのかが、「ＵＳＰ」を考える基本**になります。

「ＵＳＰという言葉自体は、何となく分かりましたし、大切な気もします。でも、私がやっていることにそんな独自性が出せるとは思えないのですが」

と思う方もいらっしゃるかもしれません。

そこまで難しく考える必要はありません。あなたが本当にやりたいことを真剣に取り組んでいさえすれば、ＵＳＰは出てきます。

たとえばの話ですが、あなたがラーメン屋をはじめることになったとします。そこで提供するラーメンは、あなたがどんなラーメンを出すことにしたとしても独自性にあふれていきます。なぜならば10人の店主がいたら、間違いなく10種類のラーメンができ上がるからです。

・醤油、塩、みそ、その他どんな味のラーメンにするのか？

・麺は太麺なのか？　細麺なのか？　幅広麺なのか？
・あっさりとしたスープなのか？　こってり味のスープなのか？
・どんな器でラーメンを出すのか？　店の内装はどんな雰囲気なのか？

あなたが「普通」だと思って提供したものであっても、そこにはあなた自身の経験と「これが良い」という判断が必ず入ります。あなたが本当にやりたいと決めたことに関しては、間違いなくそれ以上の思い入れや愛情、こだわりが入るのが当然なのです。

ただ、そのせっかくの独自性も、お客様にきちんと説明ができないと価値を感じてもらうことができません。ですので、**「独自性があるのかないのか？」**を悩むのではなく、**「自分のビジネスの独自性を、どうやって見つけてアピールしようか？」**ということを考えればいいのです。

また、

「たしかに独自性はあるとは思う。ただ、世の中にはもっと凄い人がいるから」

などと卑下する必要もありません。世の中は上を見ればキリがありませんが、堂々と宣言をしてしまえばいいのです。

おかしなたとえかもしれませんが、もしあなたが「ビタミンCと言えば？」と質問されたら、何を想像しますか。まず頭の中にレモンを思い浮かべる方が多いのでは、と想像します。

しかし、ご存知の通り、多くの野菜や果物の中で、レモンがいちばんビタミンCが豊富なわけではありません。イチゴやキウイのほうが、レモンよりもはるかにビタミンCが多いのにもかかわらず、多くの人々に「ビタミンCといえばレモン」と認知されているのですから、それはそれで価値があるのです。

さらに、ここでいう「USP」は、客観的に価値がはかれるものでないと意味がない、というわけではありません。

価値には客観的・物理的に分かる「実質価値」と、きわめて主観的で抽象的な「感情価値」というものがあります。

感情価値は、実際に触れてみないと分かりにくいという欠点がありますが、ビジネスとしては感情価値を高めることはきわめて有効な方法ですし、今後の世の中では感情価値のほうが、ますます人々に選択されてゆくことになるでしょう。

感情価値の分かりやすい例としてはコンサート、ライブなどが挙げられます。

冷静に考えてみると、音楽そのものの価値は、専門の設備の整った場所で、何度も録り直しを重ねてレコーディングされたデジタル音源のほうが、クオリティは高いという見方もできます。しかし、私たちは好きなアーティストのライブには喜んでその何倍ものお金を支払って見に行ったりもします。

そこで「こんな野外の会場で聴くより、デジタル音源のほうがクリアだ」なんて言い出す人はいません。アーティストが歌っている姿を直接見ることができる。その場でしか味わえない感覚を楽しむことができる。アーティストと自分たちの一体感を得ることができる。そのような感情価値があるからこそ、私たちは足しげくライブに通うわけです。

これは何も、ライブといった大規模なビジネスだけに言えることではありません。

お客様同士の交流ができたり、手厚いサポートがあるのも感情価値ですし、その商品の希少性や、つくる手間ひまというのも感情価値になるでしょう。あなたがその商品にどれだけ愛情を持っているのか、ということも立派な感情価値になり得ます。

こうやって考えてゆくと、ＵＳＰという独自性は、非常に幅の広いものである、ということを理解してもらえるかと思います。

このＵＳＰも、ほかのコアコンセプトの要素である「誰に」「何を」と同様に、それ単体で意味があるものではありませんので、他のふたつの要素を考えながら、じっくりと定めてゆくといいでしょう。

▼ＵＳＰとは圧倒的能力・品質・実績のこと

では、ＵＳＰを具体的に考えてゆく際に役に立つであろうヒントをお伝えしたいと思います。お客様にあなたのこだわり、独自性が伝わり、それに価値を感じてもらえれば、どんなアプローチでもいいのですが、とはいえＵＳＰにも定石というものがありますので、まずは思考のスタート地点として活用してみてください。

まず、非常に分かりやすいＵＳＰとしては「圧倒的能力・品質・実績のＵＳＰ」というものが挙げられます。

▼お客様が知っている中で、その仕事を頼めるのがあなたしかいない

▼他の会社が提供しているものに比べて、品質レベルが圧倒的に高い

▼業界の中で、あなた以上の実績を持っている人は存在しない

そのようなものがあるのだとしたら、小細工など一切不要です。お客様にその圧倒的な能力・品質・実績を知ってもらえれば、お客様は少々高額であってもあなたに仕事をお任せするでしょう（特に、**お客様にとってそれが緊急のことであるのならば**）。

漫画の世界で言うと、医者であるブラックジャックや、スナイパーであるゴルゴ13などが分かりやすいでしょうか。

「あなたにしか頼めない！」

というものがあれば、それを武器にビジネスを展開すればいいわけです。

とはいえ、そんな圧倒的なUSPをはじめから持っている人は、きわめて稀《まれ》です。これからビジネスを育てていこうとしている方に「圧倒的実績をつくれ」と言っても、それは難しいですし、かく言う私自身も、そのような圧倒的なUSPをはじめから持っていたのかと言われたら、そうではないと思います。

▼組み合わせでつくる「あなたにしか頼めない」こと（＝USP）

そこでお勧めをしたいのが次の方法。**「組み合わせのUSP」**です。

ひとつひとつをとってみると、特にユニークではないものでも、組み合わせることによって、「そんな提供をしている人はいない」という独自性を出すことは十分可能です。

私の例で言えば、ビジネスの構築方法をお伝えしているスクールは他にもありますし、きちんとした数字に基づいたビジネス戦略の立て方をお伝えしているスクールもあるでしょう。また、「やりたいことをやるのがいい」という方針でセミナーを開催している講師もいらっしゃいます。

しかし、「本当にやりたいこと＝志」を中心軸に据えて、計数管理も含め、お客様の生の声をもとにビジネスを具体的に構築してゆけるようになるビジネススクールは、今まで私が見聞きしている限りでは、私が主催している『坂本立志塾』しかありません。

もちろん、組み合わせのＵＳＰの力を発揮しているのは、私だけはありません。スピーチコンテストで準優勝したという実績と、心理学を勉強したという自分のやりたいことを組み合わせて、「あがり症克服」という独自のメソッドを開発した児島さんという方もいらっしゃいますし、コミュニケーションを教えるのに気功を活用するという変わり種の方もいらっしゃいます。

このような「組み合わせのＵＳＰ」も、何でもかんでも組み合わせればいいというわけではなく、コアコンセプトの要素である「誰に」「何を」に対して、一貫性を持っている必要はあります。

その上で、お客様に納得していただける組み合わせのＵＳＰを提示することができれば、あなたはその組み合わせの中で「第一人者」となることができます。

その第一人者というフィールドの中でコツコツと実績を積んでゆけば、先ほど説明をさせてもらった「圧倒的能力・品質・実績のＵＳＰ」の地位を、いつのまにか築いている、ということにもつながってゆきます。


あなたの中に宿っている素晴らしい組み合わせを、ぜひ見つけてもらえば、と思います。

▼誰もが持っている「最高のUSP」とは

ここまでの話を聞いて、

「圧倒的な実力もこれといってないし、今のところユニークな組み合わせもまったく思いつかない」

という方も、ご安心ください。どんな人も必ず持っている**最高のUSP**が存在します。

それは、**その人自身が今まで生きてきた軌跡そのもの**です。

どんな人にも、必ず人生のストーリーがあります。世の中に、まったく平凡な人生を送ってきた、という人はいません。どこか必ず「それは面白い」と、多くの人が興味を持つような経験をしているものです。もし仮に「本当に、まったく平凡で面白みのない人生です」という方がいたのだとしても、**「そんな超平凡な人がする起業」ということ自体がユニークなストーリー**となります。

分かりやすい切り口としては、あなたが提供することに決めた商品やサービスと、あなたとの出会いには、必ず大切なストーリーが含まれていることでしょう。

それがどんな些細な始まりであったとしても、お客様の中には共感を覚える人が必ずいるでしょうし、「そんな思いでやっている人のサービスを受けたい」と思ってくださる方は必ず現れます。

それが「お金が儲かるから」といった話では興ざめしてしまいますが、そうではなく、あなたが起業家というリスクのある人生を歩もうと思った時に選んだ商品には、並々ならぬ強い思い入れがあるはずです。ですので、それを堂々と語るのです。

はじめのうちは、「いや、これしか選べなくて」ですとか、「それほどのストーリーがあるわけではないのですが」と、しどろもどろになってしまうかもしれませんが、それでいいのです。

お客様や周囲に語っている間に、あなたの物語に肉付けがされてゆき、体温と血が通ったＵＳＰへと昇華されてゆきます。

コアコンセプト全体に言えることですが、特にＵＳＰに関しては、発信をためらっているといつまで経っても成長も進化もしませんので、ある程度の形が見えてきたら、少しずつでいいので情報発信をしてみることをお勧めします。

以上がＵＳＰを定めてゆく際のヒントですが、たとえば他の企業が打ち出している独自性なども非常に参考になると思いますので、アンテナを敏感にして情報を集めて、ご自身のＵＳＰを定めていってみてくださいね。

具体例▼絵画教室をＵＳＰにした松原さんのケース

ＵＳＰの具体例も私のスクール生から紹介しましょう。

松原さんという方は現在、奥様と協力しながらオンラインの絵画教室をやっているのですが、私は初めて彼のＵＳＰを聞いた時、とてもびっくりしたのを覚えています。

彼の絵画教室ページのトップには「デザイナーだけど絵が描けない」という言葉が書いてあります。

そうです。彼のオンライン絵画教室は、本職としてデザイナーをやっているにも関わらず、絵が苦手な人をメインターゲットにしているのです。

私ははじめ、そんな人がいるとは思えなかったので彼に聞いてみたところ、現在デザイナーをされている方々は、ほとんどがパソコンを使ってデザインの仕事をしていて、基本的に自分の手でデッサンをするとか、絵を描くということをしてこなかった方も多いそうです。

しかし、たとえば仕事を受注する時のプレゼンの場で絵を描くことがあったり、何かの説明の時に紙に絵を描く必要がある場面もあるらしく、「イチからデザインの勉強をしたい。でも今さら教室に通うことはできない」というニーズがあることを発見したそうです。

「絵が描けないのにデザイナー？」

と、はじめは私も思いましたが、考えてみればライターの仕事をしていてもパソコンで書いてしまうために、さほど漢字を書けないという人はいそうですし、デジタルカメラの扱いには慣れていても、フィルムカメラはほとんど触ったこともない、という方もいらっしゃると思うので、それはまた別のスキルなのだな、と考えをあらためたものです。

彼はもともとシステムエンジニア（ＳＥ）をやっていて、今の絵画教室をするまではジョイントベンチャーを立ち上げようと頑張っていたのですが、どれも大きなビジネスにはなりませんでした。そんな彼の奥様は、ずっと絵の先生をしていらして、絵が上達する方法を教えることができました。

そこで彼のネットビジネスの知識と、奥様の絵を教えるスキルを融合させて、ネットで完結する絵画教室を展開しました。はじめはどのようなコアコンセプトにしようかと行きつ戻りつを繰り返したそうなのですが、現在では先ほど書いた「デザイナーだけど絵が描けない」というお客様をメインターゲットにして、すぐに活用できる絵の教室で人気を博しています。

このような例を聞くと、「USPは、本当に目のつけどころで、いくらでも出てくるものだな」と、私のほうが学ばされます。

本書を読んでくださっているあなたにも、あなたにしか思いつかないようなUSPが必ず出てくると思いますので、あせらずじっくりと考えてみてくださいね。

コアコンセプトは磨き続けるもの

ここまでコアコンセプトという考え方を紹介してきましたが、いかがだったでしょうか。

コアコンセプトはあなたの「本当にやりたい」という情熱を、具体的なビジネスの形に体現するための中心的な考えです。

「誰に」「何を」「USP」という3本の柱でつくられたコンセプトは、小規模で始めるビジ

ネスでも、大規模な企業であっても同じように必要となります。

大企業の場合は、まずはその企業全体の軸となるコアコンセプトがあり、そこからさらに商品ごとにコンセプトがつくられることになりますが、いずれにしてもその３要素だけを考え、磨いてゆけばビジネスは形になってゆきます。

あなたの「本当にやりたい」という気持ちは非常に大切です。そこからスタートし、いかなる時もブレずにいることが、あなたやお客様、そしてあなたのまわりの人を幸せにしてゆきます。

ただ、何の戦略もなく、思いつきで、やりたいことをやりたいようにしていても、お客様は魅力を感じてくれません。

ですので、「誰に」「何を」「ＵＳＰ」というコアコンセプトを打ち出し、あなたの情熱にお客様を惹きつける引力を持たせてもらえれば、と思います。

▼いちばん大切なコアコンセプトは、「お客様の声を聞く」こと

コアコンセプトは１回つくればそれでおしまいというものではありませんし、変更してはいけない、というものでもありません。むしろ積極的に見直しをはかり、より詳細に、より

ピントの合った形に、そしてよりあなたやお客様が喜ぶようなものに磨いていくことをお勧めします。

では、コアコンセプトは、どのように磨いていけばいいのでしょうか？

それは非常にシンプルですが、**「お客様の声を聞く」ということに尽きます。**

お客様は正直です。あなたの商品やサービスについて、さまざまなことを教えてくれます。それは直接の要望であったり、意見であったり、あるいはクレームという形で教えてくれることもありますし、売上げやリピート率という数字で教えてくれることもあります。

また、どんなお客様があなたの商品やサービスを購入しているのかを知ることによって、さらにコアコンセプトを磨き上げることもできますし、新たな商品を開発する時の大きなヒントにもなります。

１章でも書きましたが、個人的は、**どんなビジネスもお客様の声を聞いて３００回の改善をすれば成功する**と考えています。３００回というと途方もない回数のように感じるかもしれませんが、この改善には細かい改善も含まれますので、あなたが本当にやりたいことであれば、日々改善をしているうちにあっという間に３００回は超えてしまうことでしょう。

お客様の声を聞く。そして改善する。

この繰り返しがあなたのビジネスを強固なものにしますし、その改善回数の積み重ねが、他の同業者にとって一線を画する参入障壁にもなるでしょう。

どんな企業のコアコンセプトであっても、最初から完璧ではありません。それはお客様と共に磨き上げてゆくものです。

まずは「こんなものでいいのかな？」というコンセプトであっても、それをまず決める。

そして、そのコンセプトに合った商品を提供し、お客様に告知をし、購入してもらえるように努める。

もしそのコンセプトが、お客様に受け入れられなかったら？

簡単なことです。変えればいいのです。

あなたの本当にやりたいこと、という軸は決してブラすことなく、気持ちを切り替えて市場にマッチする形を模索してゆけば、いずれは理想的なお客様があなたの前に姿を現すでしょう。

第3章

ゼロからでもできる起業資金の集め方

起業するために必要な資金とは

ここまで、ビジネスアイディアの見つけ方とコアコンセプトづくりをご紹介してきました。どちらかというと頭で考えたり、まとめたりする作業が中心でしたが、ここからは実際の起業に向けた動きがともなってきます。

さて、あなたのやりたい事業がどのようなものかにもよりますが、起業をするためには資金が必要となることが一般的です。最近ではネットを活用することによって、資金がほとんど必要ないという起業スタイルもありますが、いずれにしても資金計画を知っておくことは、事業主として生きていく際に役に立ちます。一緒に見ていくことにしましょう。

まず、必要な資金を整えるための最初の一歩は、「事業資金を把握する」というところからです。

当たり前と言えば当たり前の話なのですが、私のスクールに来る熱心な方の中にも、数字に関してはまったく無頓着で、とにかく起業したいという気持ちばかりが先走ってしまっている人も多いのが実情です。

事業資金には、大きく分けて2種類あります。ひとつは起業するための開業資金。そしてもうひとつは事業を継続していくための運転資金です。

▼開業資金の中身

開業資金には、以下のようなものが挙げられます。

▼店舗や事務所を借りる際に発生する家賃や敷金・礼金、仲介手数料や保証金
▼駐車場などの賃料
▼内装や外装などを整える資金
▼電話を引く工事料
▼備品（机やいす、パソコン、冷暖房、判子など）
▼名刺やチラシ、ホームページなどの販促費
▼商品の初期仕入れ代金

ネットショップであれば、

▼パソコン
▼プリンタなどの周辺機器
▼ネット環境
▼オンラインショップとの契約料
▼レンタルサーバー代
▼ドメイン代
▼ホームページ等の作成費用

などが候補としては考えられます。

また、会社法人として設立をする場合には登記するための手数料などがかかりますね。

もちろんあなたのやりたい業種によって内容も金額もまったく変わってくるので一概には言えませんが、自分のビジネスを始めるために必要なものを列挙してゆき、それぞれにかかる経費を調べてゆく、というプロセスを経るといいでしょう。

とはいえ、1円単位の細かいところまで計算する必要はなく、概算で「○万円」といった程度で構いません。思わぬ経費がかかることも多いので、この段階の見積もりはやや多めに考えておいたほうが無難です。

▼運転資金の中身

次に運転資金です。

▼給料、生活費
▼社会保険料
▼交通費
▼家賃、駐車場料金
▼水道料金や光熱費
▼ネット利用料
▼サーバー代

▼備品などの消耗品費
▼リース料
▼販売促進費、広告代
▼借入金返済代金
▼租税公課
▼商品仕入れ代金

こちらも開業資金と同様に、ビジネスによっては不要なものもあるでしょうし、ここに書かれていないようなものも必要になることがあるでしょう。

ここまで読んで

「けっこう面倒だな」

と感じられた方もいると思います。ただ、このような数字の把握も、やっていくうちに慣れていくものなので、あなたの夢を具体的なものにしてゆく試みとして、さほど気負うことなく進めてもらえればと思います。

大切なのは、どれだけ細かく正確に計画できるか、ということではありません。まず大切なのは、あなたが「事業家」としてビジネスをしてゆくという気持ちの持ちようを切り替えることです。

そのために、**「ビジネスは数値に落とし込む」**という癖をつけるための最初の一歩、と位置づけてもらえればいいでしょう。

さらに、もし金融機関や家族などに事業資金の応援をしてもらう場合には、この事業資金の把握をしていないと話になりません。

「これから事業をやろうと思うので、お金を貸してほしい。ただ、どれくらいかかるかは自分でも把握していない」

などと言ってしまったら、あなたの信用は台無しになってしまいます。できる範囲で構いませんので、苦手意識があったとしても、お金と向き合う訓練をしていってくださいね。

▼起業に必要な資金の中身

さて、必要な資金を把握した後は、そのお金を用意するための具体的な行動に入っていくのですが、だいたいいくらくらい準備をすればいいのでしょうか。

これもあくまで目安ですが、**開業資金の倍額の資金を準備しておくと安心**かと考えています。開業に200万円かかる見積もりであれば、400万円を準備しておく。400万円であるのならば800万円用意しておくことがベターです。

なぜならば、いざ起業を進めてみると、思いもしなかったお金がかかってしまうこともありますし、開業してから数ヵ月は売上げがまったく立たない、ということも考えられるからです。

資金的に追い詰められると、冷静な判断ができなくなり、せっかく「本当にやりたいこと」としてはじめた起業であっても、目先のことに目がくらみ、いつのまにか自分の軸を見失ってしまうということにもなりかねません。

「でも、そんなお金はありません」

「そんなに余裕があるのだったら話は簡単ですよ」

というふうに感じられた方もいらっしゃると思いますし、私自身もそこまで計画的に自分の起業家人生をスタートしたわけではないので、大きなことは言えません。

ですので、ここは考え方を逆転させて

「準備できる資金の半分で、どうにかスタートできないか？」

「今あるお金の半分を使ってできる方法はないだろうか？」

と発想してみましょう。

今はさまざまなサービスが発達しており、起業にかかる初期経費をかなり圧縮させることが可能です。特にインターネットの活用やレンタルの活用によって、予想以上の経費圧縮をはかることができたりもします。

事務所は、はじめは自宅でもいいしょう。店舗を借りるお金がないのであれば、自宅を利用したり、ネットショップで開業したり、あなたの技術を提供するのであれば、出張販売という手もあります。

商品の仕入れであっても、はじめは販売代理店として活動をはじめ、「売れてから仕入れて手数料を頂戴する」という方法を取ることもできます。

法人の設立費用も、はじめは無理して行う必要はありません。法人にするとランニングコストが抑えられるというのは、ある程度の売上げが発生してからのことですし、厚生年金への加入など、個人とは違う費用も発生しがちです。また、以前に比べると「法人でなければ取引をしない」という風潮はゆるみつつあります。

本当にあなたがやりたいこと、という軸をブラさずに、やりたいことを形にする方法は、柔軟に考えていいと思います。

最初から100％の準備をして、うまくいかなかった、というよりは、はじめは小さく始めて、少しずつ必要なものがそろってゆき、次第に拡張してゆくというのも、ビジネスをやっていく上で楽しみにもなってゆきます。

低コストでスタートできる方法を、ぜひ探してみてくださいね。

資金のつくり方

事業資金がどれくらいかかるのかをある程度把握した後は、実際に資金を準備する活動に入るわけですが、こちらは大きく分けて2種類の方法があります。

ひとつは自分自身で資金を貯めてゆく方法。

もうひとつは他者から借り入れなどを募る方法です。

言うまでもないと思いますが、基本的には自己資金がある程度ないとビジネスとしての安定感はありませんし、仮にほとんどの資金を他者が出してくれるということになると、どれだけあなたが本当にやりたいことを続けたいと思っても、お金を出してくれた方の意向を無視するわけにいきません。

ですので、まずは自己資金をねん出し、その上で不足しているお金を他者から応援してもらうという考え方をお勧めします。

▼自己資金

本書を読んでいる方の中には、すでに今までの貯蓄で事業資金をまかなえる人もいらっしゃるかもしれませんし、今からコツコツ準備をするという方もいらっしゃると思います。

いずれにしても、まず私がお勧めするのは、あなたご自身のお金の流れを把握するために**「家計簿」をつけてみる**ことです。

現在の自分の収入が毎月どれくらいあり、そこからどれくらいの支出があるのか？　これを月初めに予算として組んでみて、実際かかった支出を把握してみる。このように全体把握をすることによって、

「では、毎月いくらなら貯蓄に回せるのか？」
「無駄に使ってしまっているお金はないか？」

ということを見直すことができるようになります。

こちらも面倒くささを感じる方がいらっしゃるかもしれませんが、**計数管理はビジネスをやるうえで、必要不可欠です**。もちろん税理士などのプロに頼むのも選択肢のひとつですが、それにしてもある程度は自分でできるようにならないと、いつまでも行き当たりばったりの

事業になってしまいますので、最低限、数字を見られるような癖をつけてゆくことを習慣化しましょう。

家計簿をつけることにより、毎月どれくらいの資金を貯められるかが分かったら、次にあなた自身の貸借対照表をつけてみることをやってみてほしいと思います。

貸借対照表と聞くと身構えてしまうかもしれませんが、シンプルなもので大丈夫です。要は、あなたの資産が今どれくらいあって、負債はどれくらいあるのかが分かればいいのです。

具体的には、

▼預貯金
▼積立金
▼保険
▼有価証券
▼不動産
▼自動車や貴金属など、まとまったお金になるもの

などがあなたの持っている資産で、

▼ローン
▼借入金、滞納金

などが負債、ということになります。

資産が負債よりも大きければ、それだけあなたの与信枠は広いということになりますし、逆の場合は債務超過となりますが、それを把握しておけば、どれくらいのリスクを担えるかも見えてきますので、ぜひできる範囲で作ってみてくださいね。

さて、家計簿と個人貸借対照表を作れば、あなたの自己資金スケジュールは見えてくるでしょう。すぐにやりたいようにビジネスができる人もいるかもしれませんし、何年かはコツと準備をする必要がある人もいるでしょう。

ただ、自己資金だけが起業するための唯一の方法、というわけでもないので、次は別の方法も一緒に見ていくことにしましょう。

他者に資金を応援してもらう方法

あなたの思いには価値があります。そして、その価値に同調してくれる存在を見つけることができたのであれば、思いを具現化するための時間を一気に早めることができるかもしれません。あなたの思いが他の人を強く揺さぶることができるのであれば、資金集めの選択肢が増えます。

ここでは、自分以外の誰かに応援してもらいながら、資金を準備する方法を探っていくことにしましょう。

前項の「自己資金の作り方」を読んで、「これだといつ起業できるか分からない」と途方に暮れた方もいるかもしれませんが、起業するための資金は、何も全部自分で用意しなければいけないというわけでもありません。

他者からの資金援助を乞うためには、まずはあなたの起業にどのくらいのお金がかかるのかを把握し、そのうちどれくらいを自己資金でまかなえるのかを知る必要があります。

恵まれた環境にいる方は、全額を親が出してくれる、ということもあるかもしれませんが、仮にそうであったとしても事業資金と自己資金を把握しておくのが、事業家として生きていくあなたの責任でもありますし、マナーでもあるでしょう。

あなたの思いを形にするための応援をしてくれる方々へ、できるかぎりの誠意を尽くすことこそ、あなたご自身や周りの人を幸せにする第一歩です。

▼良い借金、悪い借金

さて、そこまでの準備ができたら、実際の行動に移ってゆくわけですが、まずは、借金には良い借金と悪い借金があるということについて説明しておきましょう。

「良い借金」というのは、将来金銭的・社会的なリターンが見込まれる、投資としての借金。

「悪い借金」というのは、その場で消費されて何も生み出さない借金です。

この「良い借金」で大切なことは、「金銭的・社会的リターン」が見込まれる、ということです。

投資には、さまざまな解釈があります。自己成長のための投資もあるでしょうし、どんな体験であっても、「将来の肥やしになった」として「投資」と捉えることもできなくありません。

ただ、**他の人にお金を出してもらうという時に忘れてはならないのが、「金銭的・社会的**

リターンがある」という観点です。

「将来、事業が軌道に乗ったあかつきには、○○円のリターンをします」

「毎月○%の金利をつけてお返ししてゆきます」

といった金銭的リターンや、あるいは、

「このようなメリットを提供させていただきます」

「社会的にこのような貢献ができます」

といった社会的リターンがなければ、人はお金を出しません。

仮に出してくれる人がいたとしても、先ほどと同様に責任とマナーとして、資金援助を申し出る際にセットとして伝えるべきものです。

あなたの思いには価値があります。しかし、その価値をビジネスという社会的な器に投下するのであれば、社会的なリターンをお客様にも、資金援助者にも用意するのが世のならいと言えるでしょう。

「そんなの当たり前じゃないか」

と思う方も大勢いると思いますが、いざ自分自身が起業し、そのための資金が必要になったというシチュエーションになると、そんな基本的なことも頭から抜けてしまうこともありますので、あえて書かせていただきました。

さて、では実際にあなたの事業にお金を出してくれるところにはどんなところがあるでしょうか。いくつか具体的な例を見ていきましょう。

▼家族から借りる

あなたのご両親や親せき、そして結婚した相手などからお金を借りることができるかもしれません。この方々はあなたにとって近しい間柄ですので、他の候補に比べると、社会的なリターンを強調するよりは、あなたの思いの強さと事業に対する計画性を訴えることが大切になってきます。

ただ、そうはいっても、「これから私は事業家として生きる」というあなた自身の宣誓の意味も込めて、社会的な意義とリターンを用意しつつ、真剣さを語ることが大切になってくるでしょう。

▼政府系金融機関や地方自治体、民間金融機関から借りる

起業支援のために資金を貸してくれる組織に依頼する方法です。組織体によって若干の違

いはありますが、大切なのはあなたの事業の社会性と収益性です。特に民間の金融機関は、基本的には「すでにでき上がっているビジネスモデル」にしか資金を供出しない傾向がありますので、はじめのうちはハードルが高いかもしれません。

他にも、**政府や各地方自治体では、さまざまな助成金を用意していますので、あなたがお住まいの地域で、今どのような助成金を受けることができるのかをチェックしてみるのも、非常に参考になるでしょう。**

▼クラウドファンディングなどで資金を集める

最近では、個人でも比較的気軽に、多くの人から資金を募る方法が用意されています。その代表例がクラウドファンディングです。一定の仕組みに従って広く資金供給を呼びかけ、自分のやりたいことを実現できるようになっています。

こちらは、告知方法によって、出資者にどのような還元をするのかが、かなり自由に設定できます。もちろん資金的なリターンを約束することもできますし、商品やサービスによって還元することもできます。あるいは社会的な意義を訴えかけて、出資者の心を動かすことができれば、それで資金を集めることも可能な場合があります。

ネットを使ったファンディングは、歴史としてはまだ浅いのでこれからどのような発展を遂げてゆくのかも楽しみですね。

個人的には、この方法は資金集めもさることながら、起業したての事業主にとっては、「最初のお客様を見つける」という側面もあると私は思っています。

特に個人相手の商品やサービスを提供している場合、出資者に対する還元方法を自分の商品にすれば、実質は「その商品を購入してくださる方」となるわけですから、とてもありがたい存在となるわけです。

そのような方々は、単にあなたの商品を購入した人よりも、あなた自身やあなたのビジネスに対しての応援の気持ちを、より強く持つことでしょう。

「クラウドファンディングに出資してみる」という経験そのものが、現時点では新しい体験や価値にもなり得るので、積極的に活用を検討してみるのも面白いかもしれません。

以上、簡単に自己資金以外で資金を出してくれる可能性のあるところを例示しましたが、こちらはあなたの人間関係や、その時々の政策などによっても大きく変化のあるところですので、まずはあなた自身のまわりにある情報をできるだけ多く集めてみて、その中で可能性の高いところからアプローチしてゆくことをお勧めします。

資金ゼロでも起業はできる

ここまで起業に必要な資金についてのお話をさせていただきましたが、いかがだったでしょうか。中には、

「調べてみたところ、私には資産がなく、貯蓄に回せるようなお金は一切ありません」

という方もいるかもしれません。

しかし私は「じゃあ、起業は無理ですね」「諦《あきら》めてください」と言うつもりは、まったくありません。むしろ**「あなたの思いが本当であるのなら、資金がゼロからでも起業はできます」**と断言をさせていただきたいのです。

私自身の起業も、潤沢な資金があったわけではありません。お金もコネもなく、単に「東京に出て起業する！」という思いだけを支えに突っ走ってきたわけですからね。

起業がうまく行くかまるで分からなかった時は、

「もしこれですべてのお金を失ったとしても、長距離トラックの運ちゃんになってお金を稼いでから、再度チャレンジしよう」

と思っていました（これは長距離トラックの運ちゃんを悪く言っているのではなく、当時

の私の中で稼げる職業というイメージがあったためです）。

地方銀行を辞め、単身東京に乗り込んできた時に持っていたのは、「何とかこの思いを形にする」という強い情熱だけでした。結果として現在は起業家教育をさせていただけるようになりましたが、そこに至るまでには、あっちにぶつかり、こっちにぶつかりを何度となく繰り返してきました。

でも、だからこそ、

「もう少し計画性を持つべきだった」

「やりたいことを明確にしておけば、あんな失敗はしなかった」

「資金に関しても読みが甘すぎた」

などの反省点を踏まえて、あなたにお届けしているというわけです。

ここでは資金についての定石を書かせてもらいました。もし起業当初に戻ることができたら、私自身に口を酸っぱくして伝えたい内容です。

ただ、ここで伝えた内容をあなたが蹴っ飛ばして起業を果たしても、私は「気骨があるなぁ」と称賛こそすれ、あなたを責めたてたりはしません。

本当に大切にしていただきたいのは、あなたの「本当にやりたい」という思いです。

私自身も、私の『坂本立志塾』スクール生たちもそうなのですが、「本当にやりたい！」

という思いを持っていれば、準備資金が足りなかったとしても、どうにかして形にしたり、その前のコツコツとした貯蓄もやり抜いてしまうのです。

もし仮に、**「私にはお金がないから、起業できないな」と思うのであれば、大変厳しいことを言うようですが、**

「お金がないことを言い訳にしようとしていませんか？」

と問いかけたくなります。

資金についての話は、たしかに現実的で厳しい側面もあります。ただ、ビジネスをしていく上で、ここに書いた資金面以外にも、さまざまな課題があなたを試すことになります。

それはお客様からのクレームかもしれませんし、取引先やビジネスパートナーとの確執かもしれません。仕事のし過ぎによる健康面の不安が出てくることもあるかもしれませんし、家族や従業員からの応援を得られない場面もでてくるかもしれません。

「やりたいことをやっていれば、なんとなくお金は入ってくる」というのは、よほどの幸運でもなければあり得ません。より素晴らしい未来をお客様や自分自身に届けるために、ストイックな努力が必要な場面もたくさんあるでしょう。

その中で、**心の支えとなるのは、やはり「やりたい」「実現したい」という思いの強さ**だと思うのです。

はじめは、「今の会社でずっと働いて定年なんて信じられない」といった、さして前向きではない理由が含まれていても構いません。

ただ、あなたがビジネスの中心に据え、コアコンセプトを導き出すような軸は、あなたが寝食を忘れるほどやりたいことであったり、将来こんな世界になればいいな、と考えるだけで心が躍るような志に根付いたものでつくってほしいのです。

そうでないと、何かと理由をつけて、誰かのせい、社会のせい、景気のせいにして、せっかくはじめた起業をとん挫させてしまいかねないからです。

資金集めは、大変な側面もたしかにあります。でもそれは、あなたの起業をやめる理由にはなりません。

やりたいことで起業するのですから、足りない資金はバイトをして貯めるなり、不用品を売るなどしてまかなうなり、必要な備品を誰かにもらうなり、ゼロ円でできる企業スタイルを模索するなり、いくらでも方法はあるはずなのです。

私は、必要としている情報を提供したり、分からないことを教えたり、アイディアを提案することはできます。が、あなたの情熱そのものになったり、情熱を代わりに持つことはできないのです。

「○○がない」「△△が足りない」などということは、人生において常に発生します。それはサラリーマンであっても、主婦の方であっても、子供でも老人でも、起業家でも同じです。

しかし「でも、やる」と決めて行動するからこそ、協力者が現れますし、無理だと思っていたことが変化もしますし、現実も変わってゆくのです。

具体例1▼シェアハウスで起業した水野さんのケース

私のスクール生で水野さんという方がいらっしゃいます。彼は「起業家が集まるシェアハウスを運営したい」と考えていました。

シェアハウスは、ネットで完結させるスタイルでは無理がありますし、物件を用意しなければビジネスになりません。しかし彼は、

「どうしてもシェアハウスをやる！」

「自分と同じような起業のフレッシャーズと一緒に暮らしたい！」

という強い思いを持って、物件を探し続けました。

条件は、「賃貸で、又貸しができて、複数人住んでもOKで、改装もOK。あまり田舎すぎないこと」という、かなりハードルの高いものでしたが、彼の粘り強い情熱によって、そのような物件を紹介してもらうことができました。

ただ、問題がひとつありました。

物件を貸してもらうことはできたのですが、その物件はシェアハウス用に建てられたものではなく、普通の住宅街に建っている一軒家でした。生活環境が異なる起業家さんたちに住んでもらうためには、少々使いづらい物件でもあったのです。彼はこうしたことも予測して「改装OK」の物件を選んでいたのですが、改装を業者さんに頼めるほど、資金的な余裕はありませんでした。

そこで彼は、改装はおろか、日曜大工すらしたこともない素人であるにもかかわらず、すべて自分の手で必要な改装工事を行い、見事シェアハウスのスタートにこぎつけたのです。

彼の強い思いは起業家さんたちの心に響き、少々使いづらい箇所があろうとも、そのシェアハウスに集まった全員で何とかして行こう、という暗黙の風土まででき上がりました。

現在そのシェアハウスは役割を終え、彼はまた別の事業へと飛躍を果たしています。

「本当にやりたい！」という彼のように熱い思いと実行力があれば、私はどんなビジネスでも通用すると思っています。

具体例2▼介護で起業したえびねさんのケース

もうひとり、私のスクール生の話を紹介したいと思います。

彼女はえびねさんという方で、お父様の介護をきっかけに、介護の仕事に従事されていました。介護の現場で、障がい者の方々が一生懸命に笑顔で働く姿を見て、心を動かされ、介護する障がい者も、介護される高齢者も、ともに笑顔で暮らしてゆける、そんな世の中を作りたいと思って、起業の道を志しました。

そんな彼女の最初の事業は、「障がい者向けのグループホーム」をつくることでした。障がい者の方が、安心して生活できる住居をつくりたいとの思いで、計画をしました。ただ、こちらも先ほどの例と同様に物件がからむ起業だったため、かなり大きな資金が必要とされることが予想されましたが、彼女は一生懸命、準備をしていきました。

彼女の前に立ちふさがった壁は、とても厚いものでした。グループホーム向けの賃貸物件は、少ないながらも見つけることはできるのですが、彼女が「障がい者向け」と説明をし出した途端、首を縦に振る人がいなくなってしまうのです。

彼女は物件を借りるのを諦め、購入できる物件を探し始め、何とか購入できそうな物件を見つけることができました。銀行に融資を申し込みましたが、銀行の融資審査はなかなか通りませんでした。

「もう自分にはグループホームは無理なのかな」

そう思っていた時に、奇跡が起こりました。

物件購入の相談をしていた不動産業者が彼女に驚くべき提案をしたのです。

何と、その不動産業者が、えびねさんが購入しようとしていた物件を買って、彼女に賃貸するというのです。銀行のイエスが出ない以上無理だと思っていたところで、彼女の綿密な事業計画書、そして何より彼女の熱意が現実を動かしたのです。

起業家としていちばん大切なのは、何よりも熱意だな、ということをあらためて教えてくれる素晴らしいお話ですね。

グループホームの運営をスタートさせた彼女は、介護現場に笑顔を増やすセラピスト養成スクールや、健康と幸せを提供するサロン「i hand」を立ち上げて、障がい者の方が地域で活躍できる場を提供する事業を展開しています。

一見、うまくいったように見えますが、彼女が独立を考えてから5年以上は、いわゆる「鳴かず飛ばす」の状態が続いていました。それでも夢の事業を実現できたのは、彼女の「本当にやりたい！」という思いの強さがあってこそなのは、間違いありません。

第4章

起業してから困らないリスクコントロールの方法

起業してからのリスクの正体

起業をしたいと思っている方が二の足を踏む最大の要因のひとつが、「起業したあと、生活はやっていけるのだろうか？」ということではないでしょうか。

「やりたいことはある。会社でずっと勤めていたいわけではない。でも、実際に起業したところで、本当に安定した売上げを出していくことができるのだろうか」

そんな気持ちがブレーキとなり、起業へのアクセルを止めてしまっていることはありませんか。

たしかに、起業したあと、安定してずっと売上げを立てていくためには相当な努力が必要です。ただ、むやみやたらに「怖い」と思っているだけでは、いつまで経っても現実は動き出しません。

あいまいな状態になっている「怖さ」をはっきりさせて、どこに注意すればいいのかが分かるだけで心のブレーキはゆるまり、行動に動き出せると思いますので、ここからはリスクの正体と、その対処法を考えていきましょう。

さて、基本的には起業したての頃は、個人で事業を行ってゆくスタイルがほとんどだと思いますので、**個人事業主のリスク**を中心に書いていきます。

個人事業主のリスクは、健康を害してしまって働けなくなることや、家族の理解を得られなくなるなどもありますが、何といっても「がんばっているのに売上げが立たない」ということです。

事業をしているだけでさまざまなコストがかかります。仕入れなどは売上げに応じて圧縮できますが、毎月必ずかかってしまう固定費はありますし、事業主自身も霞《かすみ》を食べて生きているわけではないので、生活費がかかります。**支出はあるのに、収支のバランスが取れなくなってしまう、というのが最大のリスク**と言えるでしょう。

どんな大きな企業であっても、収支バランスが取れなくなるというリスクは存在しますし、そのリスクを完全にゼロにすることは難しいでしょう。

しかし、そんな収支バランスが崩れそうな時の対応策を知っておけば、いざという時にどう動けばいいのかが分かるので、心に余裕が生まれます。

ここでは、どのような準備と具体的な行動をすればいいのかを見ていくことにしましょう。

自分のリスク許容度を知る

まず把握しておくべきなのは、あなたのリスク許容度を知る、ということです。少し分かりにくいかもしれませんが、簡単に言えば、**「最低、どのくらいの生活水準まで落としても受け入れられるか？」**という話です。

これはあなたの今までのライフスタイルやご家族の有無なども関係してきますので、正解はありません。

少し前にも書きましたが、私が起業したての頃は、「この起業がうまく行かなかったら、トラックの運ちゃんをして、住処も共同生活の下宿のようなところで構わない。そこで再起をはかろう」と思っていましたので、私のリスク許容度はかなり高かったように思います。

ただ、リスク許容度が高ければそれでいい、という話ではありません。

ご家族の大黒柱でいらっしゃる方は、最低限の生活を支えなければなりませんし、あなたの事業によっては、お客様の目もあるため、あまりに生活に困っているような姿を見せにくいということもあり得るでしょう。

その上で、**「どこまでだったら、いざという時に支出を切り詰められるだろう？」という**

算段をしておくことが非常に大切だと思います。

具体的には、３章で作成した家計簿（１１５ページ参照）の予算を見て、いざという時には圧縮をしたり、削減をはかったりできる支出を明らかにしておくとよいでしょう。

その時に**大切なのは、「今の生活の延長で考えない」ということ**です。

今の生活をベースに「これは必要、あれも必要」と考えていると、リスク許容度は高まりません。

そうではなくゼロベースで考え、「自分のやりたいことを実現するためだったら、それが成功するまでは、どれくらいの生活でしのげるだろう？」と考えてゆくことが大切です。

これまで何度も、「起業をするのであれば、あなたの本当にやりたいことを主軸にしなければならない」ということを繰り返しお伝えしていますが、このリスク許容度という意味においても、自分軸が大切になってきます。

好きでもなく、本当はやりたくないことのために生活水準を下げるのは、本当に辛いことですし、「起業なんてしなければよかった」という後悔に至る可能性が高くなってゆきます。

どんな事業であっても、軌道に乗るまでは時間とエネルギーが必要ですし、ある時期は、ぐっとこらえることも必要になってきます。

その時に、「でも、本当にやりたいことがある」「これで生活が安定したら、人生幸せだ」

と思えるのと、「なぜこんなことのために我慢しなければならないのか？」「これでお金が入ったとしても、私の人生、胸を張れるのだろうか」などと思うのでは、気合の入り方が変わってきますし、結果、成功確率も変わってきます。

本当にやりたいことをベースに、現在をゼロベースにして、家計簿とにらめっこしながらリスク許容度を考えてみてくださいね。

アルバイトという雌伏

いざ起業したものの、自分がやっている事業だけでは生活費がまかなえない、ということはよくあることです。あなたのやっている事業が広く認知されるためには、やはり時間も必要ですし、タイムラグがどうしても出てきます。

今までの職場を去り、自分が本当にやりたいことを事業化した直後は、収支が合わなくなってしまうのが、むしろ自然です。その間、どうすればいいのか？

貯えがあれば、貯金を切り崩してゆくのもひとつの手です。それは格好悪いことでも何でもなく、事業が軌道に乗るまでの貴重な投資だと思って、なるべく早く事業が安定化するようにコツコツと日々努力していけばいいということになります。

しかし、そこまでの貯蓄がない場合は、他の収入源を確保しなければなりません。その時にはどうすればよいのでしょうか？

私がお勧めするのは、シンプルに何かのアルバイトをすることです。

今の日本は、アルバイトであればさまざまな業種の求人があり、時間も賃金も、内容に応じて選ぶことができますし、在宅でできる仕事も（賃金は低くなる傾向があるものの）選択肢として広がっていますので、あなたの本業によっては、本業をやりながらアルバイトしたり、ご近所の方に見られることなくできる仕事もあるでしょう。

「せっかく夢に向かって飛び出したのに、アルバイトなんて……」

などと思うのではなく

「この経験が、将来夢をつかんだ時のネタになる」

くらいの感覚で、楽しみながらやれると最高ですね。

逆に**お勧めできないのは、あなた自身が金銭的リスクをともなうような副業**です。いわゆるネットで宣伝されている、たちの悪い副業に目がくらんだり、投資案件などに自分のお金を投じるといったことは、絶対にやめてください。

私は１万人以上の起業のサポートをしてきましたが、「これは必ず儲かります」という謳

い文句につられて、安易に始めた副業で稼げた人は、ひとりもいません。

投資であっても、海外輸出入であっても、せどりであっても、アフィリエイトであっても、それに対して本気で取り組んで利益を出している人はいますので、そのような人たちに文句を言うつもりはありません。

そうではなく、私が言いたいのは、**あなた自身がやりたくもないのに、「これをやったら儲かりそうだな」「本業がうまく行くまでは、こちらで適当に稼ぐか」といった軽い気持ちでやる副業は、間違いなく100％失敗する、ということです。**

どんな業種でも、それを死に物狂いでやっている人たちがいます。そこに安易に参入して利益が得られるほど、世の中は甘くありません。あなたに「これは簡単に儲かりますよ」とささやくのは、その販売業者さんが儲かる話であって、あなたではありません。

あなたが「それ」を本業に据えるのであれば、それがどんなことであっても応援したいと思いますが、「簡単に稼げるかも」という甘い期待に負けそうになるくらいならば、その時間をアルバイトにあてたほうが、よほど有意義なのです。

そのアルバイトも、あなたが本当にやりたいことに近いものが選べるのであれば、金銭的な助けになるだけでなく、市場調査にもなりますし、あなたの体験にもなります。また、アルバイトで得た経験から、自分の本業の商品やサービスを向上させることもできます。「お金が足りないから仕方なく」という後ろ向きなとらえ方ではなく、「社会勉強として視野が広がるだけでなく、将来自分が従業員を使う時の勉強もさせてもらいながらお金ももらえる」といった前向きな気持ちでアルバイトに向かえば、本業との相乗効果もあるでしょう。

「雌伏期」の選択肢として、検討をしてみてくださいね。

営業力が最大のリスクヘッジ

話をアルバイトから、あなたの本業へと戻しましょう。

事業の最大のリスクヘッジとなるのは、あなた自身の営業力です。あなたが本当に魂を込めている商品やサービスであれば、価値がまったくない、ということはないはずです。

それでも思ったような売上げがないというのは、あなたの商品にリーチしている人の数が圧倒的に少ないか、あなたの営業力不足です。

３章では、「計数管理は事業家として必須」というお話をさせていただきましたが、それと同等かそれ以上に大切なのは営業力です。

どんなに細かく正確に帳簿をつける能力があったとしても、商品がひとつも売れないのであれば、個人事業主としてその能力を活かすことはできません。ですので、どちらも大切なスキルであることは間違いないのですが、**まずは営業力をつけることを最初に意識すると、それが最大のリスクヘッジになる**でしょう。

「そうは言っても、私は今まで営業なんてしたことがないんです」

「営業は、どうも苦手で……」

という方も、いると思います。たしかに営業は、やったことのない方には勇気のいる活動だと思いますし、苦手意識を持ってしまう気持ちも分かります。

しかし、あなたが本当に大切にしていることに賛同してもらい、その結果商品を買ってもらえるようになる力は、あなたを素晴らしい未来に連れて行ってくれる強力な後押しとなります。「やったことがない」「どうも抵抗がある」というだけで後回しにしておくのは、もったいないことでしょう。

苦手意識があったとしても、それは本当にいくらやってもできないことなのか、それとも営業というもの自体を知らないだけの「よく分からないから苦手で怖い」ということなのかは分かりません。

ですので、まずは「自分の本当にやりたいことを知ってもらう手段だ」「リスクヘッジにもなるみたいだから、やってみるか」という気持ちで挑戦してもらえればと思います。

▼何でもいいから売ってみる

とはいえ、以前までの職場で営業を経験したこともない方が、いきなり「営業をしてみろ」と言われても、どこからやっていいのか戸惑ってしまうと思います。**はじめは何でもいいので「売ってみる」という経験をしてみるといい**でしょう。いきなりフルコミッションのセールスマンにならなくても、今は身のまわりのモノを売ってみる経験がすぐにできます。

最も手軽に始められるものとしては、ネットを活用した販売などが挙げられるでしょう。ヤフオクやアマゾン、そしてメルカリといったサービスを活用すれば、すぐにでもあなたの身のまわりにあるモノを販売することができます。

また、各地で行われているフリーマーケットに販売者側として参加してみるのもいいでしょう。今はさまざまな場所や規模でフリーマーケットが開催されているので、経験として楽しみながら出店してみると、思いのほか多くの経験ができるかもしれません。

「なんだ、単なる不用品販売か」

と、バカにしてはいけません。ネットオークションやフリーマーケットであっても、やはり売るためにはノウハウがありますし、そのノウハウを蓄積していけば、あなたの本業の商品やサービスを販売する時にも、きっと役に立つはずです。現にこれをネットでビジネスにして成功しているところが出てきています（メルカリを筆頭に、フリル、ラクマなど）。

ただ、注意してもらいたいのは、手軽にお金が入るからといって、本業を忘れてのめり込まないようにしてくださいね。もちろん、やっているうちに「私が本当にやりたいことは、これだった」というのであれば止めはしませんし、ある一定期間は、ノウハウ蓄積のために本業を休んでネットオークションなどに専念するのであればいいのですが、本末転倒になることだけは気をつけてください。

もちろん、チャンスと行動力があるのであれば、本格的な営業職をやってみることもお勧めします。基本的に営業職はどのような業種であっても足りていないことが多く、あなたがやる気になりさえすれば、実践の中で勉強する場はいくらでもあるからです。

ストイックな方であれば、営業そのもののスキル上昇のために、あえて自分があまり興味のない商品のセールスをやってみる、というのもありかもしれません。しかし、そこまで自分を痛めつける必要はありません。

アルバイトをお勧めした時にも同様のことを書きましたが、あなたが本当にやりたいことに近い業種で営業経験を積めば、それだけ市場調査にもなりますし、お客様の生の声をヒアリングすることもできます。自分のやりたいことに近いのであれば、愛情を持ってお客様にお勧めすることもできますし、一石二鳥にも三鳥にもなる、いい選択肢となるでしょう。

さらに、あなたの営業成績が良ければ、営業をしていた会社に、あなたの商品自体を取り扱ってもらうといった話も可能性ゼロではありません。もし**営業に挑戦してみる場合は、自分が本業としている、あなたが本当にやりたいことに近い業種を選択する**ことをお勧めします。

▼セールスは複数やってみる

営業スキルを磨くという意味において、もうひとつのヒントとしては、セールスを、複数やってみるということが挙げられます。

人にはそれぞれ、相性があります。Aがダメだったとしても、同じようなBは肌に合うということが往々にしてあります。

私のスクール生の中にも、**「ヤフオクは続かなかったけれど、メルカリは楽しい」**という人や**「ネットはつまらなかったけれど、直接人に会って販売するのは充実感を感じる」「ひとりひとりに売るのは苦手だったけれど、一度に大勢の人に告知販売するのは面白かった」**

など、いろいろなタイプの方がいらっしゃいます。

ですので、ひとつの営業方法だけを試して、「私は営業には向いていないんだ」と考えるのは、早計です。

あなたに合った営業スタイルを見つけることは最高のリスクヘッジにもなると同時に、あなたの本業で本命の商品やサービスを販売する時にも、大きなヒントとなってくれることでしょう。

会社を辞めずに起業してみる

会社員が副業や兼業をしやすくするため、会社が就業規則をつくる際の参考としている「モデル就業規則」を厚生労働省が見直すと報じられています（２０１７年11月)。今後の動向しだいでは、勤め人の副業がかなりやりやすくなるかもしれませんね。

それはさておき、現時点で「そろそろ起業したい」と思っていながら会社勤めをされている方には、本当にやりたいことを、「会社に勤めながらできないかを考える」という方法があります。

リスクヘッジという意味においては非常に強力な形で、金銭的なリスクはほとんど取らずに起業への準備をすることができます。

「たしかにその通りだと思うのですが、うちの会社は副業禁止です」

というところにお勤めの方もいらっしゃると思うのですが、副業の自由化が始まればなおのこと、どうにかならないかを考えてみるのは、決して損なことではありません。

お勤めしている会社が大企業の場合は難しいかもしれませんが、中小企業だった場合は、かなりフレキシブルに対応してくれる可能性が高いです。会社側が最も心配をしているのは、あなたが別の仕事をやることによって、今の仕事がおろそかになってしまうということです。

ですので、「他のことをやっていても会社の仕事はきちんと今まで通りするし、もし業務に差支えが見えたら、その時は言ってほしい」と会社側に交渉をすることにより、思ったよりもあっさりと許可されることも多いようです。

あなたが今の会社で必要な人材であればあるほど、会社としては「断って辞められると困る」という心理が働きますので、まずは話の分かる上司に軽く相談をしてみるのもひとつのアイディアだと思います。

また、会社側に相談をした際に「ＮＯ」と言われたのであれば、その理由を聞いてみるのがいいでしょう。そして「その理由が解消されれば兼業してよいのか？」という確認を取った上で、何とか会社を辞めずに起業を果たせないのかを考えてみるのもいいと思います。
「会社以外からの収入があるのが問題だ」といった場合は、はじめのうちはその利益を寄付などしてしまってもいいと思います。極端な話かもしれませんが、その間に経験や顧客との関係性を深めておけば、少々の利益は手放してしまったとしても、その後には、寄付以上のリターンがもたらされることでしょう。

さらに言えば、**「企業内起業」ができないかを提案**してみることもできるかもしれません。もちろん勤めている企業にもメリットがなければ提案にもなりませんし、成功の見込みが薄ければ難しいかもしれませんが、もし会社からＯＫが出たのであれば、独立後の金銭的リスクはなくなりますし、いきなり会社という出資者を確保できるかもしれませんし、お客様候補も大量に紹介してもらえる可能性もあります。

これはあなたが勤めている企業がやっていることと、あなたが本当にやりたいことのマッチングが必要であったり、会社とあなたとの今までの関係性も深く影響することなので、すべてがトントン拍子に進まないかもしれませんが、「そんな手もあったのか！」「もしかしたら可能かもしれない」という方は、まずは会社に相談・打診だけでもしてみるといいと思います。

いずれにしても、**会社に勤めながら起業をする場合は、あまりコソコソと黙ってするより**

も、堂々と相談をしてしまったほうが、長い目で見るとプラスなことが多いのです。

勤め人が起業するというのは何も悪いことではありません。あなたの勤めている会社が公的機関でないかぎりは、何らかのビジネス活動をしているわけですから、誠意をもって話をすれば、理解を示してくれることもあるのです。まずはどのような形がベストかを考えてみるのがいいでしょう。

▼徹底的にコストは削る

３章でも少し紹介をしましたが、特に起業したての時は、できる限り経費のかからないビジネスモデルを考えたほうが、あとあとの後悔が少ないと言えます。

初期経費もそうですが、毎月かかる固定費が高いと、ある程度の売上げが上がっていても、なかなか次の投資ができずにビジネスが陳腐化してしまうことも大いにあり得ます。売上げ高に比例してかかってくる変動費についてはやむを得ないのですが、はじめから固定費の多いビジネスモデルをやるのは、よほどの社会人経験者であっても気をつけたほうがいいでしょう。

では、実際に「経費を抑えたビジネスモデル」というのは、どのようなものがあるのかを、紹介したいと思います。

経費を抑えたビジネスモデルについて知る

たとえば、飲食店をやりたいのだとしても、はじめから店舗を持つ形でなければできない、ということはありません。

車で移動して販売する方法もありますし、地域によっては**屋台**などの許可が取りやすいところもあるでしょう。

ある**店舗が休業している時に、その店舗の前で移動販売の許可**をもらってスタートするという方法もあるでしょう。

コンサルティングなどの相談業であれば、事務所を借りずに**レンタルスペース**や**喫茶店**などで相談を請け負うこともできるでしょうし、**インターネットを活用**して販売から納品までをやってしまうことも可能です。

また、物販でも、販売代行という形で、あなたが好きなものを扱っているお店と契約し、そこからお客様に商品を送ってもらう、という**無在庫販売**を検討してもいいと思います。

販売代行ではありませんが、この無在庫販売という方法は、たとえばコンテンツ販売やセミナー講師業などにも応用ができます。

具体的に説明をすると、「実際に購入してくださるお客様が見つかってから、コンテンツをつくる」ということです。

まずはお客様候補に対して「今度、このようなコンテンツを提供したいと思います」「今度こんなセミナーをやります」と告知をするわけです。この時点では、コンテンツのだいたいの内容は決まっていますが、詳細をつくらずに販売をしてしまうわけです。

何人かのお客様が興味を示し、実際に購入したところで、本格的にコンテンツをつくったとしても誰も困りません（もちろん、納品日や開催日に遅れてしまうのは問題ですが）。

そしてもしお客様が興味を示さなかったのであれば、そのコンテンツはあなたのお客様には必要がなかった、ということなので、またコアコンセプトを見直すなどして準備を整えればいいわけです。

また、注文をもらってから制作する手作り商品なども、同じようなリスク回避ができると思いますので、「お金をもらってから仕入れる、つくる」という形式が取れないかは、積極的に検討してみるのがいいでしょう。

お客様が喜んでお金を支払ってくれるかどうか分からない商品を長い時間をかけてつくり、

結果まったく見向きもされてないと、時間ももったいないですが、何より精神的なダメージが大きいでしょう。

そうならないためにも、リスクを極限まで抑えた方法が取れないかをいろいろと考えてみることは、金銭的にも時間的にも精神的にも有用な手段と言えるでしょう。

具体例▼起業当初のリスクヘッジ（私のケース）

すでに書かせていただきましたが、私が起業を志し、何のコネもないまま東京に単身乗り込んできた時には、本当に何も持っていませんでした。今から考えると無謀としか言えない行動でした。

しかも当時の私は、本書で書かれているような「本当にやりたいこと」も、「コアコンセプト」も何もないまま、ただやみくもに「独立・起業を果たす」という考えしかなかったのですから我ながら呆れます。

しかし、その情熱だけは本物でしたので、お金もない、頼る人もいない、という状況の中、どうにかならないかと模索を続けたのです。

その時に私を救ってくれたのは、私が起業を志す前に6年半勤めていた、**銀行員**

時代の営業力でした。

私が所属する銀行から融資を受けてもらうための営業。銀行が用意した商品に興味を持ってもらうための営業。そのような営業経験のおかげで、何をするかもあまり明確には決まっていない私も売上げを立てることができました。

私が独立して、一番はじめに大きな売上げを立てたのは、「20代不動産投資法」という、手持ち資金が少なくても不動産を購入できるノウハウと情報を詰め込んだ商材でした。銀行員時代に、それこそイヤというほど融資の案件を扱ってきたので、どうやれば融資を受けることができるのかを知っており、そのエッセンスをすべてしぼり出して提供したのです。

商品には自信がありましたが、売れなければ何にもなりません。そこで私は、銀行員時代に営業で鍛えた「売る力」を、この商材を売るためにすべて注ぎ込みました。

具体的には、この商材の販売ホームページのセールス文に、お客様が興味を持ち、購入を検討し、実際に購入をしてくれるような文言を誠心誠意、書き綴ったのです。

私としては、いわゆるインターネットでのセールス文を書くのはそれがはじめてでしたから、本当にうまく書けていたのかは今でも分かりません。ただ、少なくとも銀行員時代のセールスの経験がなければ、お客様の気持ちに届く文章は、ひと言も書けなかったのは間違いありません。

結果として、私が書いたセールス文と商品はお客様に受け入れられ、時期的にちょうど不動産投資がブームだったことにも助けられ、2年半の間に5千万円以上の売上げを達成することができました。

今は不動産投資のアドバイスが、私の「本当にやりたいこと」ではないと気がついたため販売はしていないのですが、独立当初の私を支えてくれた商品として、今でも懐かしく愛情を持って思い出したりします。

第5章

「本当にやりたいこと」で充分な収入を手に入れる！

「幸せな起業」はビジネスモデルの設計次第

これまで本当にやりたいことをコアコンセプトにまとめ、資金を準備してリスクコントロールすれば起業はかなう、ということを順を追って説明してきました。

そこで今までの話を踏まえ、この章では、「どうやって、本当にやりたいことからじゅうぶんな収入を得てゆくか？」という具体的なビジネスモデル設計についてお話ししたいと思います。

あなたやあなたの大切なご家族がゆとりをもって暮らせるくらいであれば、どのようなものをビジネスの基幹に据えても大丈夫です。

日本を動かすような巨大なビジネスをつくるですとか、巨万の富を構築したいというのであれば、そのビジネスのネタは現在の時流にマッチしたものである必要がありますが、そうでない限りは、あなたが本当にやりたいことが何であれ、心配はいりません。

ただ、だからと言ってやみくもに商品をつくり、お客様候補を集めてセールスをし続ける、という方法はお勧めできません。

何の戦略もなく売り続ける、ということも可能かもしれませんが、それではあなたご自身が疲弊してしまいますし、余裕がなくなれば、ご家族も、ひいてはお客様も幸せにはなれません。

ですので、**本当にやりたいことをコアコンセプトに整えたあとは、どのような商品ラインナップをそろえ、お客様に最大の満足を提供しつつ、あなた自身が豊かになってゆくのかを設計**することが大切になってきます。

ビジネスモデルの設計次第で、「いつまで経っても、自転車操業だ」という状態が続くこともありますし、「自分もお客様もより満足できることを考えられる余裕が出てきたぞ」という状態に早く到達できるようにもなります。

「本当にやりたいことをやっていれば、お金はあとからついてくる」

というのは、一面は真実だと思いますが、それはきちんとしたビジネスモデル設計をしたあとに言うセリフです。

きちんとしたビジネスモデル設計をしていると、「え？　そんなビジネスにニーズなんてあるの？」と思われるようなビジネスでも、精神的、経済的にゆとりを持って進めることができますし、実際にそういう方もいます。

逆に、どんなに今の時流に乗っているビジネスであっても、ビジネスモデル設計ができていなかったり、甘かったりするばかりに、いつも売上げに追われ、「こんなことなら、起業しなければよかった」と嘆いていばかりの人もいます。

本書を読んでくださっているあなたには、ぜひゆとりを持ったビジネスをしていただきたいので、これからビジネスモデル設計について一緒に見ていくことにしましょう。

「やりたいことで収入を得る」という価値について

ビジネスモデル設計の具体的な話に入る前に、少し視野を広げた話をしたいと思います。それはビジネスよりも大きな、あなたの**ライフモデル設計**についてです。

今現在、本書を読んでくださっているあなたの年齢が何歳なのかは、私には分かりませんが、起業を志す（あるいは起業した）ということは、働き盛りの年齢であると思われます。

人生80年として、バリバリと働けるのは40～50年といったところだと思いますが、その働き盛りの一日は、人生トータルで見た時の「ゴールデンタイム」と言えるでしょう。

そんな「ゴールデンタイム」が、自分の本当にやりたいことで人々に感謝してもらうことができ、経済的にも余裕がある状況であれば、人生の成功者と言ってよいと私は思います。

情熱を燃やせない「仕事という作業」に毎日明け暮れ、仕事場と自宅の往復を続け、自分のやっていることに誇りも価値も見い出せない状況というのは、たとえ金銭的に多少裕福になったとしても、人生全体で見た時に成功と言えるのでしょうか。

また、好きなことをやれてはいるものの、いつもお金について心配ばかりで、自分がやっていることに価値があるのかどうか疑問を持ち続け、余裕なくあくせくと、やりたいことにしがみついているのも、健全とは言えません。

「自分が本当にやりたいことを仕事としてやっている」ことと、「生活には困らず、自分のやっていることに誇りを持てるくらいの経済状態を保っていられる」という両輪があってこそ、充実した「ゴールデンタイム」だった、と振り返ることができるように思うのですが、いかがでしょうか。

人様に喜んでもらいながら、自身も物心両面に充実感を味わうことができれば、人より恵まれているかいないかに関係なく、感謝の心が生まれるようになります。

「それはその通りだと思いますが、お金とやりたいことの両立が一番難しいんですよ」

と、苛立ちを覚える方もいるかもしれませんね。

今までお話をしてきたことを実践していただければ、あなたの本当に好きなことは見つかりやすくなっていると思いますし、きっとコアコンセプトを作ることもできるでしょう。

そして、適切なビジネスモデルを構築すれば、そんな「人生のゴールデンタイムの成功者」になるのは、さほど難しいことではありません。

ご本人が「それは難しい」「私には無縁だ」と思い込んでしまっていては、できることもできなくなってしまいます。

少しずつでいいので、あなたのライフモデルに沿ったビジネスモデルを構築していってもらえれば幸いです。

もちろん私は、あなたの本当にやりたいことを見つけるお手伝いもさせてもらいますし、これからお話しすることで、あなたがビジネスモデルを適切につくっていくことができるよう、全力でサポートすることが可能です。ひとりで無理をするのではなく、次の方法を見ていただいて一緒にがんばっていきましょう。

セールスフローをつくってみよう

「ビジネスモデルを構築する」などと聞くと、「いや、私の趣味に毛が生えた程度のことで、ビジネスモデルなんて」と腰が引けてしまう人もいるかもしれませんね。しかし、ビジネスモデルの構築は、そんなに難しく考えなくて大丈夫です。

まず個人事業主レベルの起業で必要なのは、**セールスフロー**です。

セールスフローとは、お客様（お客様候補も含む）に対して、どのような動線・流れを作るか、という話で、基本的には一本道か、多くても数本の動線で構築が完了します。

そして、お客様の満足度をアップさせつつ、どのように自分の利益を確保してゆくか。きわめてシンプルなこの命題に答えを出してゆくのに多くのエネルギーを割くことになるでしょう。

そのように聞いても「でも、ちょっと難しいな」と思った方も安心してください。

ここまで本書を読んでくださったのであれば、セールスフローの土台づくりは、もうすでに学ばれています。

そう。**セールスフローと呼ばれる動線・流れの土台は、コアコンセプトです。**

「誰に」「何を」「ＵＳＰ」という軸がはっきりしていれば、あとは用意する商品ラインナップに強弱・軽重をつけ、それをお客様のニーズに合わせて並べれば、セールスフローはひとまず完成します（もちろん、そこから何回もの見直しを重ねてゆくことになりますが）。

「売上げ」を構成する3つの要素――「集客数」「商品単価」「販売成約率」

具体的なセールスフローづくりに入る前に、そもそも「売上げ」とはどんな要素で成り立っているのかをここで確認しておきましょう。

有名なところでは、販売個数×商品単価×リピート率といったものがありますが、セールスフローを考える上では、

【 集客数 × 商品単価 × 販売成約率 】

と考えたほうが実践的かもしれません。

集客数というのは、いわゆる見込み客。あなたやあなたの商品がリーチできる人の人数です。それは直接あなたが会える関係性の濃い見込み客もいるでしょうし、単にあなたの商品のチラシを見ただけという関係性の薄い見込み客もいます。いずれにせよ、この集客数が多ければ多いほど、売上げが増える可能性が高いことはご理解いただけるでしょう。

商品単価は、文字通りそのもののズバリですね。商品がいくつもあれば、その商品ごとに単価は変わってくるでしょうし、売れなければ本末転倒ですが、単価が高くてたくさん売れれば、売上げが大きくなるのは、もはや説明不要でしょう。

販売成約率というのは、少しだけ説明が必要かもしれません。たとえ集客数が多かったとしても、購入してもらえないのであれば売上げにはなりません。リーチした見込み客のうち、何％の方が実際の購入に踏み切ってくれるのか？　それを表している数字が販売成約率です。

この販売成約率は、どのような手段でリーチしたお客様なのかによっても変化しますし、商品単価によっても変化する数値なので、その集客方法ごと、商品ごとにチェックすべき数字なのですが、現時点では「何人のお客様が実際に購入してくれるのかを表した数字」と理解をしておいてもらえればと思います。

そして、この３つの要素は、そのままコアコンセプトに強く影響されることになります。

▼集客数はコアコンセプトの「誰に」に強く影響される

あなたの商品を「誰に」提供するのか？

それが広く受け入れられるようであれば、集客数はやり方次第で大きな数字にすることもできるでしょうし、コアなファンを狙った場合は集客数はそれほどは見込めないので、商品単価や販売成約率でバランスを取る選択が必要です。

売上げとは、下記の公式で表現できる。

集客数(見込み客)×商品単価×販売成約率

- 集客数は、コアコンセプトの「誰に」に強く影響される
- 商品単価は、コアコンセプトの「何を」に強く影響される
- 販売成約率は、コアコンセプトの「USP」に強く影響される

▼商品単価はコアコンセプトの「何を」に強く影響される

あなたの提供する商品が高い原価がかかるものであったり、非常に手間のかかるものであったり、競合との相場も高額なものであった場合は、商品単価は高くなるのがセオリーです。もちろんそのセオリーを崩して販売するという方法もありますが、その場合は集客数や販売成約率に注力しなければ売上げは下がってしまいます。

▼販売成約率はコアコンセプトの「USP」に強く影響される

販売成約率はさまざまな要因で変化しますが、もっとも大きな影響力を持つのは、あなたの商品の「USP」です。なぜならお客様が購入を決める決定的な決め手は、その商品が持つ独自性に他ならないからです。USPが弱けれ

ば、販売成約率は下がる傾向になりますので、集客数を多くしたり商品単価を高く設定しなければ、望む売上げを達成することは難しくなるでしょう。

集客数、商品単価、販売成約率のどれを重視するべきかは一概には言えませんが、起業したての場合は販売成約率を上げることに一生懸命頭をひねるのが良いと思います。集客数を上げるためには、広告費などの費用がかさむことが多く、一度に大きなアップをするためには経費がかかることも多いでしょう。また商品単価を上げることは簡単にできますが、それによってお客様が購入を控えすぎてしまうのであれば本末転倒ですし、お客様に感謝されながら継続したお付き合いをするためには、理由のない値上げは信用を失うことにもなりかねません。

ですので、まずは興味を持ってくれたお客様に、いかにして商品を購入してもらうかを考えるのが良いでしょう。そのためには、ＵＳＰを磨き、あなた自身があなたの商品の独自性をじゅうぶんに理解し、お客様に説明できるようにしていくことが求められます。

その上で、お客様がどのようにあなたの商品を継続的に購入し、末永いお付き合いをしてくれるように動線を作るのかが、セールスフローの基盤の考え方となります。

セールスフローを構成する3要素——フロントエンド、ミドルエンド、バックエンド

さて、では実践的にセールスフローを構築していきましょう。

セールスフローを考える方法はいくつもあるのですが、その中でも基本であり、かつ応用の効く考え方をお伝えしたいと思います。

それは**「フロントエンド」「ミドルエンド」「バックエンド」**という考え方です。

▼フロントエンドとは

先ほどの項目で「まずは販売成約率を上げましょう」というお話をさせていただきましたが、お客様の立場になって考えると、まだあまりよく分かっていない商品に対して、いきなり高額を出すのは抵抗があります。心理としては、**「まずは試してみて、いい商品やサービスだと分かったならば買ってもいい」というのが本音であり人情**でしょう。

ですので、まずは**お客様が試しやすい低価格（あるいは無料）の商品を用意し、あなたの商品やサービスに触れてもらうようにするのが「フロントエンド」**という位置づけとなる商

セールスフローのしくみ
（集客から収益への流れ）

「フロントエンド」（目的は集客）
商品やサービスに触れてもらうための商品（試供品、無料お試しセット、低価格商品など）

↓

「ミドルエンド」（目的は集客）
フロントエンドだけでは商品の良さを理解しにくい場合などに、フロントエンドとバックエンドをつなぐ、中間商品を設定したほうがいい場合がある

↓

「バックエンド」（目的は収益）
フロントエンド、ミドルエンドで商品の良さを理解したお客が購入してくれる収益を生むための商品

品です。

たとえば、某化粧品会社の無料お試しセットや、無料説明会、１０００円で参加できる体験会。あとはデパ地下の試食やレストランのお得なランチなど、無料や低価格で気軽に試せる商品やサービスなどは、フロントエンドになりますね。

こちらのフロントエンドの目的は、「売って利益を得ること」ではなく、「集客」です。お客様に興味を持ってもらい、その後の販売動線に乗ってもらうことが目的ですので、その単体だけで損得を考えるようなものではありません。

フロントエンドでは、良くて収支トントン、あるいは赤字になったとしてもそれは新規顧客を開拓する宣伝費という位

置づけで、できるだけ多くのお客様候補にあなたの商品を知ってもらい、体験をしてもらうのが目的です。

▼バックエンドとは

しかし、当たり前の話ですがフロントエンドだけを延々と売っていても、いつまで経っても収益は出ず、経営は安定化しません。

そこで登場するのが**「バックエンド」**の考え方です。先ほどのフロントエンドは集客が目的でしたが、バックエンドは収益を得るためという位置づけの商品ラインナップです。

お客様はすでにフロントエンドであなたの商品やサービスのクオリティを体験済みですので安心して購入できますし、販売者であるあなた側からすれば、収益を得て経営を安定化させ、本当にやりたいことを継続できるようにし、よりよい商品やサービスを提供できるようにもなる。双方にとっていい形になるわけです。

「そんなにお客様からお金を取りたくない」とフロントエンド的な商品だけをずっと提供していても、逆に「私の商品を安売りしたくない」とバックエンド的な商品だけを用意していても、よくありません。

フロントエンド的な商品だけを用意して、摩耗して、あなたのビジネスが続けられなくなったら、それは今までファンになってくれていたお客様への最大の裏切りになります。お客様に試してもらうことをせずにふんぞり返っていても、いつまで経ってもあなたの商品を知ってもらえずに、結局ビジネスが続けられなくなります。

お客様のためにも、あなたご自身のためにも、フロントエンドとバックエンドを意識して商品をラインナップするとよいでしょう。

▼ミドルエンドとは

また、フロントエンドとバックエンドは、絶対に2ステップでなければいけない、というわけではありません。たとえば無料でフロントエンドを用意しているものの、本当に販売したい収益商品はかなり高額、といった場合には、その途中にもうひとつお客様が選びやすい価格帯の商品を用意する、という方法もあります。その場合は、フロントエンドとバックエンドの途中に**「ミドルエンド」**がある、というセールスフローになります。

もちろん、ミドルエンドが複数あったり、いくつかの分岐があるセールスフローもありますが、基本は分かっていただけたでしょうか。

このフロントエンドとバックエンドの考え方は、どんな業種にも活用することができるのですが、しっかりと動線を考えて作っている方は、非常に少ないです。

面白いことに、このフロントエンドとバックエンドの考え方を重々知っている人であっても、いざ自分の事業となると、設定が甘かったり、あるいは設定していない、という人も多いのです。

自分のビジネスにおいて、フロントエンド、ミドルエンド、バックエンドのセールスフローができているかどうか、あるいは構築しようとしているかどうかは、あらためて考えていただきたいと思うのです。

さて、ここまでで概要は分かっていただけたと思いますが、もう少しそれぞれについて説明をしたいと思います。

▼セールスフローでいちばん大切なこと

まずフロントエンドについてですが、つい考えてしまいがちなのが、「低価格商品だし、品質はそこそこでいいだろう」とか、「この後のバックエンド商品を買ってもらった人に驚いてもらいたい」という理由から、クオリティを低めにしてしまうことです。

これは、絶対にお勧めできません。

むしろ**フロントエンドこそ、高品質な商品やサービスを提供**すべきです。

なぜなら、お客様はあなたやあなたの商品を「品定め」している最中で、もし期待にそぐわなければ、あっという間に別のところでの購入に移ってしまうからです。

価格の安いフロントエンドこそもっとも高クオリティで、お客様満足度の高いものにしなければなりません。

「そんなことをしたら、採算が取れないのでは？」

「バックエンドを買った人が、フロントエンドと比べて残念に思わないの？」

という心配があるかもしれませんが、ノープロブレム、まったく問題ありません。

そもそも、**フロントエンドで興味を持ってもらわなければ、あなたの商品やサービスは、お客様の中では存在しないも同然**です。

「この後がすごいんです！」とあなたがどんなにアピールしたとしても、フロントエンドで満足できなかったお客様がバックエンドを買うわけがありません。たとえ本当にバックエンドが素晴らしい商品であったとしても、お客様にはあなたの声はむなしく響くだけです。

また、「はじめに出しすぎちゃったら、バックエンドで困るのでは？」という心配も無用です。

お客様は、あなたを信頼してフロントエンドを試し、バックエンドを購入してくれた。その信頼に、あなたがきちんと向き合おうとすれば、その真剣さはお客様にきちんと届きますので、安心してください。

▼お客様のニーズは「変化への期待」にある

こんな精神論だけでは、まだ安心できない方は、**「お客様のニーズは、複数ある」**ということを意識するといいかもしれません。

たとえば、飛行機に乗る人のニーズが、「早く安全に目的地に着く」というものだけだったとしたら、ファーストクラスに乗る人は誰もいないはずです。なのに、エコノミークラスの何倍ものお金を支払ってファーストクラスに乗る人はいます。なぜでしょうか。

理由は簡単で、「エコノミークラスでは満たせないニーズがある」からです。

それはたとえば、「ゆったりとしたシート」という快適性かもしれませんし、「特別な料理」かもしれません。そして「自分はファーストクラスに乗れるのだ」という特別感は間違いなく重要なファクターでしょう。

別にファーストクラスに乗ったからといって、目的地に早く着けるわけではありません。

しかし、「早く着く」以外のニーズがそこにあるからこそ、何人かがファーストクラスを選んでくれただけで採算が合ってしまうような売上げになるわけです。

「飛行機は、「エコノミークラスがフロントエンドで、ファーストクラスがバックエンド」というわけではありませんが、私が言いたいことは理解してもらえるかと思います。

フロントエンドで、あなたの全力を出していいのです。

その上でバックエンドでは、フロントエンドで満たせなかった別のニーズを満たしてあげることで、お客様はよりあなたの商品やサービスのファンになってくれます。

特に型にはめるつもりはありませんが、**フロントエンドで満たすと良いであろうお客様のニーズは「変化への期待」といった感情価値**かと思います。

「この商品を使えば、もっと理想的な自分になれるかも」

「これで、今までできなかったことができるかも」

「このサービスを受ければ、新しい刺激を受けられるかも」

という、お客様のワクワクした期待を引き上げることができれば、フロントエンドとしての役割はじゅうぶんに果たせていることになります。

煽るだけ煽って、そのあとの中身は何もない、というのでは信頼を失ってしまいますので、フロントエンドでしっかりと価値を提供しつつ、「これ、もっとほしいな」という、ある種の飢餓感を提供できるのが良いでしょう。

さらに、バックエンドでは実質価値をさらに提供することもできますし、あなたとの距離感や、お客様同士のつながり、あるいは特別感といった感情価値を提供することもできます。

こちらはおそらく、実際に起業している方のセールスフローの具体例を見てもらったほうが理解が深まると思いますので、いくつか見ていくことにしましょう。

具体例1 ▼ オリジナルシャンプーを製造販売する 保科さんのケース

私のスクール生で保科さんという、シャンプーを販売されている方がいらっしゃいます。

オリジナルのシャンプーを製造販売するという、かなりハードルの高いビジネスに思えますが、彼は安定した売上げ・収益を出し続けています。

彼の工夫はさまざまあるのですが、まずコアコンセプトの「誰に」を「美容院を経営されているオーナーに」と決め、その美容院でしか手に入れることのできないオリジナルシャンプーをカスタムメイドでつくることで、お客さまからの信頼を勝ち得ています。そんな彼のセールスフローは、徹底して基礎を大事にしたものです。

彼の**フロントエンドは「個別相談」**です。

ブログからの問い合わせに対して親切ていねいに答え、そこから「もう少し相談に乗ってほしい」というお客様の要望に応えて、直接会うなどの形で個別相談を受けます。もちろん、この個別相談も無料なので、「これがフロントエンド？」と思う方もいらっしゃるかもしれませんが、立派なフロントエンドです。

なぜならば「時間」という最も貴重な対価を支払って、お客さまは本当にほしいシャンプーについてしっかりと話を聞いてもらえるのです。ほしいシャンプーが手に入るのなら購入したくなるのは必然です。ここまでくれば**バックエンドである「オリジナルシャンプーの契約」**に直結する状況が生まれます。

現在では、シャンプー以外にも化粧品やトリートメントにいたるまで、保科さんは商品ラインナップを拡大し、お客様も広がっています。

美容院経営者だけでなく、ペットショップからもワンちゃん用のオリジナルシャンプーなどの注文も入るようになりました。

海外からの注文も伸びているそうです。

お客様は、すべて美容業界やペット業界などプロの方々です。だからこそ、ひとりひとりのお客さまの話をじっくり聞く環境をつくったことで、1回の受注で大きな売上げをつくり、リピートもされやすい、安定したビジネスモデルへと結びついたのでしょう。

具体例2 ▼ テレビショッピングで高枝切りバサミを売る理由

私のスクール生の話ではありませんが、テレビショッピングで「高枝切りバサミ」を販売しているのを見たことはありませんか。普通のハサミでは届かない、高所にある枝を切ることができる、例のハサミです。

あれはたしかに便利な商品だとは思いますが、なぜあの高枝切りバサミがテレビショッピングで大々的に売られていたのでしょう。

テレビショッピングは、通常の広告媒体に比べて広告費も莫大なものです。それに比べて高枝切りバサミはそれほど高価でもなく、莫大な数量が売れるような商品とは思えません。

テレビショッピングをしかける会社は、高枝切りバサミしか売るものがなかったのか？ いや、そうではなく、**高枝切りバサミをフロントエンドに持ってきている**意味が、そこにはきちんとあるわけです。

高枝切りバサミを必要とするようなご家庭は、どんな家でしょうか。そう。家に大きな木がないと高枝切りバサミは必要ありませんから、庭のある家である可能性が高く、おそらく一戸建てでしょう。

一戸建ての家に住んでいるということは、ひとり暮らしではなく家族単位で住んでいて、かつ経済的にもアッパークラスの家庭である可能性が高いわけで、生活に必要なものも多岐にわたり、お金をたくさん使うことが予想されます。

つまり、莫大な広告費をかけて、さほど利益を生むことのない高枝切りバサミを販売しているのは、高枝切りバサミそのものを売るためではなく、**「一戸建てに住んでいる方の顧客情報を得る」ことが目的**なのです。

仮に高枝切りバサミ単体では広告費倒れの赤字になったとしても、そこで手に入れた顧客の住所に他の商品のパンフレットを送ることができれば、じゅうぶん採算が取れる。だからこそ高枝切りバサミは何年もテレビショッピングで売られていたわけですね。

多くの商品を抱えているテレビショッピング事業者にとって、高枝切りバサミは、秀逸なフロントエンドだったと言えるでしょう。

具体例3▼ビジネススクールを開催している私のケース

私の例もお伝えしておきます。

私は本書で書いているような起業サポートを全面的に行うスクール「坂本立志塾」を主催しています。まずは私の話を直接聞いていただきたいため、有料でセミナーを開催しています。セミナーのテーマはひとつではなく、起業する時に必要になるであろう内容を話すようにしていて、セミナーの価格もテーマによって幅を持たせています。

無料ではなく、有料のセミナーをフロントエンドにし、本気で自分のビジネスに向き合いたいと思っている方に集まってもらい、起業家さん同士の場を作ることを狙っています。

そして、その後に半年間続くビジネススクールへ入るかどうかを検討してもらうわけですが、私は本気の方に全力で向き合っていただきたいし、起業家ひとりひとりの課題にぴったりとフィットしたサポートをしたいので、有料セミナーに参加された方に、無料の個別面談をさせていただいています。

つまり、セールスフローとしては、

【有料のセミナー　↓　無料の個別面談　↓　ビジネススクールへの参加】

という形で、無料の個別面談がミドルエンドになっています。

有料セミナーのあとのミドルエンドが無料、というのに不思議な感じを受ける方もいらっしゃるかもしれません。しかしスクールに入っていただくからには、絶対の満足をして、ご本人が望む成功をつかんでもらいたいと願っているので、このような形を取らせていただいています。

無料の個別面談とはいえ、時間の許す限り、私の持っている知識と経験をフル活用してアドバイスします。

その結果としてビジネススクールに興味を持っていただけるのであればうれしいですし、違うのであればそれでいいと思っています。

「ビジネス教育で、人々を幸せにすること」が私の本当にやりたいことです。つまり、それを体現したビジネススクールには、完全に納得して入ってきてほしい。またそういう方々と向き合うのが、私の幸せなのです。

お客様の「悩みの解決」に終わりはない

ここまで、セールスフローについての概要をお伝えしてきました。

集客商品という位置づけのフロントエンドと、**収益商品という位置づけのバックエンド**の双方をラインナップし、お客様のニーズにお応えしつつビジネスとして安定させてゆく、というセールスフローの考え方を、あなたのビジネスにも取り入れてもらえれば幸いです。

その上で、さらにお伝えしたいことがあります。

個人事業主レベルのビジネスにおいて、もっとも大切なことは何か、という話です。

起業したての事業主がもっとも大切にすべきことは、収益性でも、瞬間最大風速の売上げ金額でもありません。

それは「お客様に、あなたのファンになってもらうこと」です。

あなたの商品やサービスを気に入ってもらうことも大切ですが、ひとりのお客様と全力で向き合っていくようにすれば、売上げはおのずとついてきます。

もちろん、セールスフローの構築も必要です。でもそれはお客様にとってベストの選択肢を提供する、という観点からの構築であるべきですし、そうでないとお客様は離れていくでしょう。

また、「お客様にファンになってもらうのがもっとも大切」とは言いましたが、それはお客様に媚びを売って、言いなりになることを勧めているのではありません。

あなたの本当にやりたい軸は、お客様によってグラグラと動くようなものではなく、あなたのファンになってくださるお客様によって、より強固に支えられるような形でなければ、そのビジネスをやっている意味がなくなってしまいます。

お客様があなたのファンになってくれれば、「あなただから買う」というふうに、新しい商品をさほど吟味せずに購入してくれるようにもなりますし、

「こんな商品も作ってくれたらうれしい」

「こんな対応もしてくれたら、もっと素晴らしいのでは？」

と、あなたのビジネスが拡大するための、建設的な意見をしてくれるようになったりもします。

ファンになってくれたお客様の上にあぐらをかくような態度はもってのほかです。しかしファンになってくれたお客様の声に真摯に耳を傾け、コアコンセプトに磨きをかけ、より質の高い商品やサービスを提供することができれば、お客様はあなたのその姿勢を見て、より強烈なファンになってくれます。

そんなプラスのスパイラルを、お客様と共に歩んでゆくことができれば、あなたのビジネスは確固たるものになってゆくでしょう。

お客様が必要としていない商品やサービスを押し売りするのは、お客様もあなたも幸せになれない行為ですが、一方で覚えておいていただきたいことは、**「お客様の悩みの解決には終わりがない」**ということです。

あなたが今まで生きてきた中で、「もう、悩みは何もない。ほしいものもないし、問題はすべて解決した」などということがあったでしょうか。

瞬間的にそのような気持ちになることはあったかもしれませんが、「悩みが何もない」という状態が何日も何カ月も続いている、という人はいません。いたとしたら、それは悟っている人か、成長を諦めた人ではないでしょうか。

あなたの目の前にいるお客様も、常に何らかの悩みを抱えていると考えるのが道理であり、自然です。もちろん、あなたの商品やサービスが、お客様の悩みのすべてを解決に導くということはないかもしれません。

それでも、あなたが本当にやりたいことに付随することで、お客様の悩みを解決したり、お客様により素敵な楽しみを提供することは可能かもしれませんし、少なくとも「こんなものを用意していますよ」とお客様に提案することは、プラスにこそなれ、迷惑になることはひとつもありません。

「もう、これ以上お客様に何かの購入を促すことは、迷惑なのではないか」などと思う必要はまったくないわけで、提案をし続けることがお客様を見放してないという、何よりのラブコールになるのです。

押し売りをするのではなく、お客様が必要とする時にそっと寄り添い続ける。

そしてあなたのやりたいことの範囲で、お客様を応援し続ける。

そんなひたむきな態度と安心感が、お客様の心をつかんであなたを応援する気持ちにさせる。

そして互いに発展をしあってゆく中で、より豊かな人生を享受しあう。

そんな関係性を結んでゆくことが理想だと思いますし、その理想を実現するのは、さほど難しくないことだとも思うのです。

良い収益モデル VS 良くない収益モデル

お客様に無理をさせることなく、かつあなたが本当にやりたいことをやり続けるためには、良い収益モデルを構築しておく必要があります。

セールスフローを理解していただければ、収益モデルのよしあしも判断がつくと思いますが、あらためて別の角度から良い収益モデルとは何かを考えてみましょう。

セールスフローの考え方と併せて意識をしていただければ、より良い形でお客様にも貢献でき、あなたご自身のビジネスの安定化にもつながってゆくはずです。

これから紹介するモデルも、ほとんどの方が「聞いたことある」「知ってるよ」というものばかりだと思いますが、なぜか、いざ自分が個人事業主になると頭から離れてしまい、まったく違うモデルを追いかけ続けてしまう人が続出しています。

「当たり前じゃないか」とバカにすることなく、あなたにとってベストの収益モデルを考えてみてください。

▼高単価・単発商品の販売モデル

こちらの収益モデルは、購入頻度は低いものの、比較的高価格なものを買っていただくモデルとなります。

自動車、家、工業用機械などの耐久消費財や、一生に何度もない冠婚葬祭にちなんだサービス（お葬式や結婚披露宴、そしてそこに関連する商品）の販売などがこれにあたります。

ニーズはあるものの、集客しづらく、長期間にわたってファンづくりをする必要がありますし、そこから本人が何回もリピートをしてくれるといったことも望めません。

ただ、1回契約が決まると大きな金額が動きます。そこでお客様を感動させるくらいのクオリティを発揮できれば、記憶に残っているため口コミであなたを応援してくれる可能性も高くなります。

逆に言えば、そこであなたがぞんざいな対応をしてしまうと、またたくまに悪評が広がってしまうことにもなりかねないので、注意が必要とも言えるでしょう。

この高単価・単発商品の販売モデルで大切なポイントは、**「お客様の脳内エリアに自分がいる」**ということだと思います。

価格も高単価ですし、個数を必要とするような性格の商品ではありませんから、普段から頻繁に購入するということもありませんし、ましてや衝動買いも見込めません。ですからなおさら、「ああ、そういえばあんな店があったな」「あそこに行ってみるか、頼んでみるか」とお客様がその商品を必要になった時に、思い出してもらうことが重要になってきます。

そのためには、普段からお客様とあなたの商品・サービスが接触していることが理想です。

直接店舗に来てもらっていなかったとしても、広告、商品展示、地道な営業活動などで、「何かあったら頼もう」と、お客様の脳内に、あなたのビジネスをプリントしておいてもらう。そんな活動が大切になってきます。

そのためには、商品の実質的価値やあなたのサービスクオリティをアップさせることも大切なのですが、それ以上に、**「ストーリーを語る」ということが効果を発揮する**でしょう。

あなたの商品・サービスを手に入れることで、お客様はどんな未来を手に入れることができるのか。

どんな感情を満たすことができるのか。

どんな人になることができるのか。

そんな幸せな物語を演出することができれば、お客様の心は動かされ、あなたの商品でなければダメ！　となるくらいのファンになってくれることでしょう。

▼低単価・複数商品の販売モデル

私たちが必要とするものは、何も高額なものばかりではありません。毎日の生活の中では圧倒的に手ごろな価格の商品を手にすることが多いでしょう。

低価格商品を扱う事業者として売上げボリュームを上げるためには、お客様の数を増やすか、お客様ひとりあたりの購入単価を増やすしかありません。

とはいえ、お客様の数を増やすといっても限度がありますし、店舗などの場合、キャパシティもありますので、現実的な方法としては「お客様ひとりあたりの購入単価アップ」が望まれるわけです。

低単価商品は多店舗との競合も激しく、単純に値上げをすればいいというわけにもいきませんし、お客様も普段から見慣れている商品に関しては、価格に敏感です。

となると、**事業者が選択できる主な戦略は「扱う商品を増やして複数買ってもらう」か、「購入頻度を上げてもらう」という方向**に定まってきます。もちろん、付加価値をつけるという努力は別に必要ですが、ここではいったん置いておきますね。

まず**「扱う商品を増やして複数買ってもらう」**という収益モデルですが、こちらの代表的な業種は、日用品や食品、衣料品などでしょうか。居酒屋などの飲食店も入るかもしれません。

日常的に使うものを多数用意して、「ついで買い」や「まとめ買い」「衝動買い」を促すスタイルが一般的です。

お客様にとって必要なものが1カ所で購入できるというのは、大変に助かります。その上で事業者として気をつけなければいけないのは、多品種商品を扱うことによる在庫管理や、仕入れ金額の圧迫です。

お客様のニーズに答えていくうちに、あれもこれもそろえておかなければならないという事態になると、キャッシュリッチな状態でなければ立ち行かなくなりますので、注意が必要です。

また、競合の多い業種の場合は、実質価値と価格にだけしか価値を感じてもらえない商品も多数あるので、「私の本当にやりたいことって何だったっけ？」と自分を見失いやすくなりがちです。単純な低単価・複数商品の販売モデルは、起業したてのビジネスフレッシャーズには、難易度が高いスタイルかもしれませんね。

ただ、すべての低単価・複数商品の販売スタイルがビジネスフレッシャーズに向かない、ということでもありません。

先述した販売代行などで、売上げを立ててから商品を仕入れるという形であれば、在庫によるリスクはほぼありませんし、セミナー講師や士業といった知的サービスである場合は、さまざまなコースを用意しておくことで複数購入をうながしても問題ありません。

あなたがやりたい業種が、低単価・複数商品の販売モデルになりやすい場合は、サービスを提供する前に少し考えて、**お客様にとってもあなたにとっても、継続しやすい形をつくる**ことを心がけてみてくださいね。

▼低単価・継続商品の販売モデル

低単価商品で売上げを安定的に上げるもうひとつの方法は、同じ商品を同じお客様に、何回も買っていただくという**リピート率の上昇**を挙げることができます。

日々使用しては消費されるようなものを、ずっと定期的に購入していただくというスタイルであり、たとえば水の定期配送であったり、髭剃りの刃であったり、プリンターのインクなどは代表的なものですね。

このような商品の場合、**「継続して購入してもらうためのしかけ」が鍵**になっています。

水の販売であれば、ウォーターサーバーがありますし、髭剃りやプリンターも、本体の買い替えがなければ、お客様はずっと継続的に購入してくれるわけです。

また、エレベーターやコピー機のメンテナンスなども、買い替えがなければメンテナンスがずっと必要とされるので、こちらも継続販売に向いている形と言えるでしょう。

そうは言っても「本体」を開発するのはコストがかかりますので、起業したての方がすぐに同様のビジネスに参入するのは難しいかもしれません。しかし、継続販売は、何も絶対に本体を用意しなければできないというわけでもありません。

具体例で紹介したオリジナルシャンプーを販売されている保科さんは、特に本体というものはありませんが、一度契約をしたお客様である美容院オーナーからは、気持ちよくリピート注文をいただいています（１７４ページ参照）。

また、相手がビジネスをしていなくても、継続販売はもちろん可能です。

たとえば、ワイン愛好家のために美味しいワインをセレクトし、毎月数本送るというワイン頒布会は安定した売上げをつくることができますし、毎日服用するようなサプリメントを継続して送り続けたり、古くは「使った分だけ料金をいただく」という、富山の薬売りなども、この継続販売スタイルの応用と言えるかもしれません。また、月額課金の会員制ビジネスなども継続販売型のサービスですね。

このビジネスのポイントは、お客様にとって「必需品である」と思ってもらい、「それがない生活は考えられない」というところまでいくのが理想です。

継続販売型の王様と言えるのは、電気、水道、ガスなどの公共料金。あとは携帯電話などでしょうか。これらは「継続購入している」という意識もあまりなく、シンプルに生活費に近い形でとらえられていることでしょう。

さすがに公共料金とまではいきませんが、あなたの提供する商品やサービスが、「これがあると自然で、ないと不自然」と思っていただくことはじゅうぶん可能だと思います。

継続販売は、あなたのビジネスの安定化をはかり、お客様との信頼関係を長期にするものなので、あなたがどのようなビジネスをやるにしても、一度は検討してみることをお勧めします。

自分にマッチした収益モデルのつくり方

いくつかの収益モデルを見てきましたが、当然これ以外のモデルもありますし、組み合わせもさまざまです。

お客様が心から満足し、納得するのであれば、「高単価・複数商品の販売」（高級ブティックでの爆買い）などもあるでしょうし、「高単価・継続商品の販売」（医療など）もあるでしょう。

その上で、これから起業するあなたに気をつけていただきたいのは、**提供する商品を「低単価・単発販売」だけ、という状態にはしないでください**、ということです。

本当にやりたいことでビジネスをしようとすると、どうしても「お客様に、お手頃な価格で自分がとことんこだわったものを提供したい」という気持ちが先走ってしまい、価格をグッと抑え、自分が本当に好きなものだけにしぼってビジネスしようとします。姿勢は素晴らしいのですが、長期的に考えると、お客様もあなたも幸せになりにくい形です。

低価格なものを単発で売る。

あなたのお客様が別の商品を望んでも、そのラインナップに限りがあって応えられない。

これでは、せっかくファンになってくれたお客様が離れていくことにもなりかねません。

すると、常に新規顧客をゼロから獲得するか、今までのお客様にまた同じようなセールスをしなければならなくなります。

起業のスタート時は商品ラインナップが少なくても仕方ありませんが、収益モデルを念頭に置きながら、なるべく早く「低単価・単発商品の販売モデル」からは脱却するように心がけることをお勧めします。

また、高単価・単発商品の販売モデルでも、その後アフターフォローなどの低単価・継続商品の販売モデルに変えていくことのできる業種もあると思いますし、他の事業者を紹介するなどして、別の収益を重ねることもできるかもしれません。

あなたの本当にやりたいことと矛盾するようなビジネスモデルは良くありませんが、発想を柔軟にして、あなたの事業に最もマッチするセールスフロー、ビジネスモデルを構築していってくださいね。

第6章

起業に必要な知識がみるみる積み重なっていく唯一の方法

あなたは本当に知識不足なのか

ここまで本書を読んでくださった方は、

▼ビジネスアイディアが見つからない
▼ビジネスのコンセプトが決まらない
▼起業するための資金が足りない、集まらない
▼起業したあと、本当にずっとやっていけるのだろうか？
▼自分のビジネスで、じゅうぶんな収入になるのだろうか？

という、漠然とした不安は払しょくできたのではないでしょうか。

本書を読んだだけで完全に不安がなくなることは難しいかもしれませんが、少なくとも何をどう進めればいいのか、という羅針盤は見つけられたかと思います。

起業をする際に不安を感じる5つのテーマ、即ち、①ビジネスアイディア、②ビジネスのコンセプト、③起業のための資金、④事業の継続性、⑤収入について、前章まででお答えしてきました。

残る６つ目の不安、それは、

「自分の知識や技術は、起業するに当たり足りているのだろうか？」

というものです。

事業を運営するためには、たしかにさまざまな知識が必要になります。事業の根幹をになう専門知識や技術はもちろんのこと、計数管理や税務などの基礎知識、営業のやり方など、人によっては知識ゼロから新しく学ばなければならないようなこともあるでしょう。

ではどれだけの知識レベルや技術レベルに達すれば起業しても大丈夫なのかというと、明確な答えはありません。

知識があり、技術もある人が起業すれば絶対にうまく行くのかというと、そんなこともありませんし、どう見ても甘いとしか思えないようなスタートでも、トントン拍子に軌道に乗ってしまう人も、まれにいます。

どこまで準備すればいいのか。

この問いに対する明確な答えは人によって千差万別なので、個人的には、「起業を思い立った時に、すでにある知識と技術でまずは勝負する」のがいいと思っています。

起業を思い立つ、ということは、今までの人生経験において何かしらの蓄積があるということです。

たとえ学生であったとしても、それまでに何年も積み重ねてきた知識や技術、体験があるわけですから、まずはそれらをベースに起業をしてしまえばいいのです。

「起業」というと、何か特別なことのように感じてしまうこともあると思いますが、世の中に起業をしている人はたくさんいます。そして、その人たち全員が完璧な人たちなのかというと、そんなことはまったくありません。

近所に住んでいる気難しい個人店の店主も、計算間違いばかりしている人も、起業家です。起業家というのは、ひとつの生き方であり、特別な人だけが選択できる生き方などではありません。

▼弱いまま成功するということ

私自身も、不得意なことはたくさんあります。弱いところは、弱いままです。

起業したての頃、「コンテンツを作ることができて、人前でも自信たっぷりに話せて、会社の身内や家族にもやさしく、マーケティングや財務も熟知していて、リーダーシップも文句ない人」というのが起業家になるのだし、起業家になったのであれば、そうでなければならない、という強迫観念に近い考えを私は持っていました。

人は自分以外のものには、なれないのです。

少なくとも私は、自分の強みを活かすことに磨きをかけ続けていますが、自分の弱いところに関しては自分で認め、他の人に頼るようにしています。

「弱いまま成功する」というのが、私や私のスクールでの基本的考え方です。

本書では、コアコンセプトづくりや、資金の調達管理、マーケティングなど多岐にわたる話をさせていただいています。それらすべてを完璧にこなせなければ起業家として不合格だ、などということはありません。

あなたの思いが強ければ、あなたの弱いところを助けてくれる人が必ず現れます。あなたがお金儲けだけを考えているのであれば、「あいつは自分のことしか考えてない」と、誰からも手を差し伸べてもらえませんし、もし手助けをしてくれる人がいたとしても、あなたからお金がなくなれば、そういった人たちはあなたから去ってゆくことになるでしょう。

でも、あなたが自分の弱さや足りなさを自覚した上で、「それでも、これを実現したい」「これを世に広めたい」と歯を食いしばるのであれば、その情熱に心を動かされる人は必ず現れ、互いの弱さを認め合いながら、一緒に成長をしていけると思うのです。

少なくとも私は、そんな思いを持っている人であるならば、見捨てることなく一緒に歩んでいきたい、と心から思っています。

ですので、「今の私の知識や技術では、起業には足りないんじゃないのか？」と不安に思って起業を諦めたり、先延ばしにする必要はありません。あなたはすでに多くの知識と技術を持っています。まずは今持っている知識と技術で起業をしてしまえばいいのです。

いずれにしても、起業後もずっと何かを勉強することになります。

机に向かった勉強もあるでしょうし、実際の業務から体験して腹に落としてゆく勉強もあるでしょう。

「いつか起業する」と思っているより、ある程度の準備ができたのであれば、さっと起業をしてしまい、実践の場で学んでいくことを強くお勧めします。

実践の場が、他のどんな学びよりも価値があるのは間違いないのですから。

必要な知識はこうして集める

ここまでで私の基本スタンスはご理解いただけたと思います。基本的には、今のあなたの知識や技術でじゅうぶんなはずです。それらをうまく組み合わせることができれば、少なくとも起業はできます。

その上で必要となる知識を集め、習得していく方法をここからお伝えしていきます。

あなたのビジネスの根幹となる「本当にやりたいこと」についての知識や技術に関しては、あなたが自主的に磨いていくことです。

今までも興味のアンテナが立っていたからこそビジネスの軸に据えたのだと思いますし、特に意識しなくても、貪欲に知識や技術を吸収していくでしょう。

では、あなたの専門分野でない知識や技術に関してはどうやって学んでいくのが効率的なのでしょうか。

▼情報のシャワーを浴びる

個人的には、**一時的でもいいので、「情報のシャワーを浴びる」**ということをお勧めします。

具体的には、会計に関する知識をつけたいのであれば、会計の**専門書をとりあえず10冊読んでみる**、ということです。

はじめは、1冊を読むのにも苦労し、何行か読むだけで眠くなってしまうかもしれません。

さほど厚い本でもないのに、1冊を読むのに数週間かかることもあるでしょう。しかしおそらく、2冊目を読破するのは1冊目よりも早く、より理解しながら読むことができるでしょう、3冊目になれば、そのスピードと理解は、さらに早く深くなってゆくでしょう。そして10冊を読み終えるころには、少なくとも知識レベルではかなりの情報を取り入れられています。**量をこなす**、ということを意識してみてください。

また、「情報のシャワー」という意味では、本だけが情報のインプット先ではありません。情報量、という意味では、音声を聞いたり、動画で学んだり、誰かに教えてもらうことも大切です。

パソコンを思い出してもらえば分かりやすいと思いますが、文字だけのテキストファイルよりも、図などが入っていたりする画像ファイルのほうが容量は大きくなります。さらに音声になると容量はさらに増えますし、動画だとその数倍数十倍になったりもします。

それは、視覚だけではない五感の情報が増えていくということになるので、同じ情報を受け取っていたとしても、実は「情報のシャワー」としては膨大な量になっているのです。

そういった意味において、**最大のシャワーは、「実際に人に会って、聞く」**というのがもっとも効果的です。

聞いている時は特に意識をしていませんが、リアルで会っている時には、あなたの五感すべてを使って情報をインプットしているのです。その情報量は、本とは比べ物にならないくらいの圧倒的なものでしょう。

あなたも、今までの人生において本当に役に立っている知識や学び、そして人生の思い出のほとんどは、誰かに会った時のことではないでしょうか。

それだけ、誰かと会い、実際に五感を使って体感することはインパクトのあることなのです。

あなたが必要としている知識や技術について詳しく知っている方が近くにいたら、迷うことなく、その方に時間を作ってもらい、教えてもらうことが最善の策です。

もし必要な知識を持っている人が近くにいない、ということでしたら、その知識についてのセミナーに参加してみるのもいいでしょう。

セミナーには、あなたがほしい情報がきちんとまとめられていますし、伝える側もその道のプロなので、分かりやすくていねいに教えてくれるはずです。ただし、セミナーは玉石混交です。それを理解した上で、あなたにマッチした講師を選んでみてください。一気に大量の情報を手に入れ、腹に落とすことができるのでお勧めです。

私のスクールで「直接会う」ということを重視しているのは、この点にあります。たくさんいらっしゃる講師の中で、私は「熱い思いを伝える」ということを重視しています。ライブで直接会うことではじめて伝わることも多いからです。

もちろん、素晴らしいセミナーは他にもたくさんあります。ぜひ積極的に行動してみてくださいね。

集めた情報は必ず発信する

ある程度知識が集まったら（あるいは途中であっても）、勉強中の知識をアウトプットしてみることをお勧めします。

アウトプットの仕方としては、それをあなたの家族や友人に話してみてもいいですし、**ブログやSNSに投稿してみるという方法でもいいので、外側に向けて発信してみると学びが深まります**。

「そんな中途半端な知識を発信したくない！」

と恥ずかしがる気持ちも分かります。抵抗がある場合は、発信専用のブログを作って、匿名で発信しても構いません。

大切なのは発信する、ということ。

発信を意識した学びと、そうではない学びとでは、吸収しようとする力に歴然の差が生まれます。

職場でも、ただ茫然と学ぶのと、「あなたが後輩に教えるんですよ」と言われて学ぶのとでは、聞く姿勢が変わってくるはずです。

なぜかと言えば、「次は私が教える番。アウトプットする番」ということで、不明点が残らないようにきちんと聞こうとするからです。

アウトプットは、自分の中で情報が咀嚼《そしゃく》がされていないとできません。インプットするだけの一方通行より、インプットもアウトプットもする双方向の学びのほうが、はるかに強力な学びとなります。

意識の差は、結果に強く影響しますので、恥ずかしがらずにぜひ取り組んでみてくださいね。

▼資格はほどほどに

事業によっては、ある特定の資格を取得していないとそもそもビジネスができない、というものもありますし、そうでなかったとしても自分の知識習得のひとつのチャレンジとして資格取得に励んでみる、というのは心に張りも出るというものです。

ただその資格取得が、起業するための不安から逃げるためだと本末転倒になってしまいます。どんなに資格を持っていても起業がうまくいく保障にはなりませんし、いつまで経っても不安はなくなりません。

たまに自分の名刺に、取得している資格をズラズラと書き並べている人がいますが、その方が今やっている本業に無関係な資格まで書いてある名刺を受け取ると、私などは、

「よほど自分に自信がないんだな」

と、残念な気持ちになってしまったりもします。

ですので、資格の取得はあくまで、**「ビジネス上、必須の資格」「今後に必要となる知識習得のひとつのきっかけとして」**というものにしぼるのがいいでしょう。多くてもせいぜい3つくらいまでではないでしょうか。

先に触れましたが、現場での実践に勝る学習はありません。勉強ばかりして頭でっかちになるくらいなら、知識が未熟でも実践をしている人のほうが人生が大きく変わります。

勉強に逃げることなく、あなたが本当に手に入れたい未来に向かって、時間と労力を割いてくださいね。

具体例▼牛タン屋を目指す高校生・長井さんのケース

私のスクール生に長井さんという男子高校生がいます。彼は本書を書いている時点では、まだ現役の高校生です。彼の夢は「牛タン屋をやる」ということで、高校生である今から着々と準備を始めています。

牛タン屋をご両親がやっているとか、牧場関係者というわけでもありません。ただシンプルに牛タンが好きだから牛タン屋をやりたい、というのです。

それだけを聞くと、「そんな単純な理由でいいの？」「うまくいくわけがない」「どうせ途中で飽きるに決まっている」と大人は思いがちです。

でも私は、それでいいと思うのです。

実際、彼が牛タン屋をやりたい！　と宣言したことで、彼のもとには牛タン屋を始めるためのノウハウが集まり続けていますし、こうして本書でも紹介されることになりました。彼が何も言っていなければ、現実はひとつも動かないのです。

彼が本当に牛タン屋をオープンして成功するかどうか、それは、現時点では分かりません。ただ、自分の夢を語り、本人をとりまく現実の環境を変えたこと自体が、すでに大きな意味を持っています。

本書を読んでくださっているあなたが、今どんな夢を抱き、それをどこまで実現させているのかは分かりません。

もしかしたら、あなたの周囲には「そんな夢ばかり追って！」「うまくいくわけがない。やめておけ」という人もいるかもしれません。

でも、本当にやりたいのであれば、やめる必要はありません。そしてもし仮に志半ばになってしまったとしても、それが何だというのでしょう。

一度きりの人生で、自分がその時に本当にやりたいことに情熱を燃やし、実際に行動をした。それ以上の価値はありません。

自分が本当にやりたいことをやる。

それがきっと人生における最大のハイライトになると、私は確信しています。

チャレンジ精神とはある種の「筋肉」

あなたの得意分野であれ、新しく学ぶ分野であれ、さらに見識を広めるためには、「自分のフィールドを出る」ということを普段から意識しておくといいでしょう。

起業家という生き方は、好むと好まざるとにかかわらず、新しいことにアンテナを張り、チャレンジをしていく姿勢が求められます。新しい経験が事業の見直しと改善を生み、今まで会ったことのない人との出会いが、事業と事業者の成長をうながすことは、まぎれもない事実だからです。

そのためには、普段から自分のフィールドを飛び出してみることを習慣化しておくことが大切です。普段はまったく新しいことに挑戦しないのに、いきなり起業する時だけ頑張ろうとしても、それは無理があることでしょう。

チャレンジ精神というのは、ある種の「筋肉」です。

普段から何もトレーニングを積んでいない人に、いきなり数十キロのバーベルを持ち上げてみろ、と言ってもできるはずがありません。常日頃から地道にトレーニングを重ねているからこそ、いざという時に最大限の筋力が発揮できるわけです。

チャレンジ精神も同じです。地道な小さなチャレンジをしているからこそ、大きなチャレンジが必要になった時、勇気を持ちながらも冷静に行動ができるようになるのです。

▼自分のフィールドから一歩外へ

今の自分のフィールドの外に出るもっとも簡単な方法は、ふだん買わないものを、あえて買ってみることです。それは特に高価なものではなく、安価なもので構いません。

私は個人的に、とある有名炭酸飲料が口に合いません。それを好んで飲む人がいるからこそロングセラーになっていることも知っています。ただ、私の好みではないという、それだけのことです。

しかし、私はたまに自動販売機で、その炭酸飲料を買うことがあります。

「もしかしたら、私の好みが変わったかも知れない」

「これを好んで買う人の気持ちが分かるようになったかもしれない」

そんな好奇心からです。

自動販売機にコインを投入し、ボタンを押す。ガタンと出てきたそれの栓を開け、ひと口飲んでみる。

結果として、今のところ、「私の好みが変わっていた！」ということにはならず、「ああ、やっぱり私の口には合わないな」ということになるのですが、その経験をコイン数枚で試せること自体に価値があると思い、何度となく試しているのです。

また、今まで読んだこともないような本を買ってみたりもします。

今の私にも、これからの私にも、どう考えても必要ないであろう女性向けの本であったり、ビジネスに直接関係ない科学の専門誌などを手に取り、実際に自分のお金を払って買って読んでみるのです。

これも本の内容がどうこうという損得勘定ではなく、自分のフィールドから抜け出てみるという経験そのものが価値であり、その体験をランチ一食、あるいは二食分程度のお金ででききることが素晴らしいと思うのです。

他にも、いつも通い慣れている道とは別の道を通って、わざと迷子になってみたり、今まで下りたことのない駅で途中下車してみたりするのもお勧めです。

「チャレンジ」「自分のフィールドの外に出る」と聞くと、つい身構えてしまうかもしれませんが、いつでもどこでもチャレンジの種は落ちているのだ、と思って気軽に試してみると、しだいにパワフルになってゆくことでしょう。

エネルギーの高い場所に行ってみる

見識を広げるということにおいては、たくさんの人が興味関心を抱いていることについて、調べてみるのもいい方法です。

具体的には、人気のスポットに足を運んでみたり、たくさんの人が集まる場所に行ってみるということになります。

「人が集まるところは、どうも苦手で……」という人もいらっしゃると思いますし、本当に好きでないところに無理やり行って疲れ切ってては意味がありません。ただ、その苦手意識自体が思い込みの場合もありますので、少なくとも一度は試してみてほしいと思います。

実は私自身、苦手だと思い込んでいたことがありました。

とある人気アーティストのライブに誘われた時のことです。

正直言って、そのアーティストには、まったく興味がありませんでした。悪印象もなければ、好印象もないというフラットな状態です。ライブに誘われた時も、「お金を払ってまで見に行きたくはない」というのが本音だったのですが、同時に「でもこれも何かのきっかけかもしれない」とも思い、行ってみることにしたのです。おそらく普段からのチャレンジ習慣がなければ、行かなかったでしょう。

はじめて見たアーティストのライブは、素晴らしいものでした。

実際に見るのと想像していたのとでは大違い。

個人として最高に楽しめたのはもちろん、一事業者としてライブを見た時に、「これは私の事業にも取り入れられるな」といったヒントも満載でした。

それからというもの、今度は私が他の人を誘ってライブを見に行くようになり、今ではそのアーティストのパフォーマンスに痺《しび》れています。

多くの人を虜《とりこ》にするものには、パワーとその理由があります。それを外から冷めた目で判断したり、「私はそういう流行とかには興味ないから」というのはもったいない気がするのです。

何事もバランスをとることは大切ですが、たまには行列のできているラーメン屋に並んでみたり、誰かのライブに行ってみたり、ミーハーな自分を楽しんでみたりといった一面も持ち合わせていると、事業者としても人間としても幅が出てくるのではないでしょうか。

しかしながら、やはり自分ひとりの視野では限界があります。だからこそバラエティのある人間関係をつくって、そんなつながりのある人の誘いを受けてみることがてっとり早いのではないでしょうか。

さほど興味のないことであっても、あなたの好きな人からの誘いであれば、多少は腰が軽くなるというもの。

面倒くさがらずに、時には誘いに乗ってみてくださいね。

しかける側に回ってみる

バラエティのある人間関係は、それだけで見聞を広める大きな資産にもなります。

ただ、そのためにやみくもに異業種交流会に行って名刺交換をしても、深みのある人間関係を構築することはできません。

たまった名刺の枚数を見て、「人脈が増えた」と喜んでいたところで、実際にはほとんど意味はないでしょう。1回きりの出会いでは、顔と名前も一致しないのではないでしょうか。

もし交流会に行くのであれば、単発の交流会ではなく、定期的に行われている会に何度も足を運び、そこで何回も顔を合わせる人の中で気の合う人と本気で付き合ってみることをお勧めします。

さらに、交流会に参加するのならば、主催している人に声をかけ、そのサポートをするほうが実になるでしょう。

交流会にはさまざまな人が参加していますが、その中で別格の影響力と情報力を持っているのは、他ならぬ主催者です。それならば、その主催者のお手伝いをしながら、近くで学ばせてもらうことは、極めて価値の高いことになるでしょう。

もちろん、あからさまな下心で主催者に近づいても怪訝《けげん》に思われるだけです。そうではなく、人と人との付き合いという意味において協力を申し出て、こちらが提供できるものは提供し、その後に相手から学べることを学ぶ、といった姿勢であれば、お互いに気持ちのよい関係を築くことができるはずです。

もし興味が湧いたのであれば、今度はあなた自身がそのような交流会を主催してみるのもひとつの選択です。

交流会を企画し、参加者に声をかけ、当日の会場などを用意し、実際に運営する。慣れないうちは大変ですが、その先には単なる参加者では味わうことのできない多くの経験と、生きた人間関係がもたらされることになるでしょう。

「食わず嫌い」は本当にもったいない！

知識や経験を積み重ねるさまざまなアプローチの方法を紹介してきました。中には「なるほど！」と思ってくださったアイディアもあったかもしれませんし、「それはちょっと」と二の足を踏んでしまうものもあったかもしれません。

少なくとも1回以上は試してもらいたいことばかりなのですが、何回かやってみて、「これはどうしても私には合わない」というのであれば、無理やり継続する必要はありません。

他のすべての提案にも言えることなのですが、私はあくまで提案者であり、最終的に実践をするのは、他ならぬあなたです。

起業も、あなたが「本当にやりたい」と思ったことをベースにやってほしい、ということを本書では一貫して伝え続けてきました。

本章で紹介した知識や経験を積み重ねる方法も、「これをやれば、ほしい結果が手に入る」という「利」から入ると、結局はあなたが疲れる上に、ほしいものも手に入らなかったということになりかねません。

「食わず嫌い」「苦手という思い込み」はもったいないと思いますが、どうしても肌に合わないのであれば、別のアプローチを考え、あなたに合った方法でコツコツと知識や技術を磨いていけばいいのです。

ある程度の経験を積んでみた後に、また本書を読み返して、「あの時は抵抗があったけれど、そろそろやってみてもいいかもしれないな」と参考にしてもらえたら、これほどうれしいことはありません。

おわりに——弱いまま成功する

いかがだったでしょうか？　私の経験を踏まえつつも、押しつけることのないように、起業初期につまづきやすいポイントをご説明させていただきました。

これまで1万人以上の起業家、経営者のサポートをさせていただいて、あらためて思うのは、「起業家本人の意志が、すべてを決める」ということです。

どのような事業であっても、必ずトラブルやピンチは訪れます。それは起業スタート時もそうでしょうし、事業を継続している最中でも、何度となく遭遇することになります。

その時に、「あっちのほうが簡単に儲かりそうだ」「こんな思いまでして事業なんかやりたくない」と、今やっている事業にそっぽを向いてしまったら、いつまでたっても事業は成長しませんし、起業家としても成長することはないでしょう。

私の好きな経営者のおひとりに、ソフトバンクの孫正義氏がいらっしゃるのですが、彼の意志力には舌を巻きます。

株価が100分の1になっても、年間1000億円の赤字が4年続こうとも、ブロードバンドを日本に浸透させるという思いのもと、初志を貫徹したのです。それはまさに孫正義氏の「本当にやりたい」をも超越した使命感、そして〝志〟が成し遂げた偉業です。

「本当にやりたい」を軸に据えた起業家は、普通に考えたら不可能に思えることもやり遂げてしまいます。

それは、本人の思いに共感し、手を差し伸べてくれる応援者が現れるからです。

人は誰でも、やりがいのあることや、生きがいのあることを求めています。

そして、そんな「やりがい」「生きがい」を持って、ひたむきに道を歩もうとしている人を見過ごせないのです。

単に「自分が儲かりたい」「時流に乗っていることでひと稼ぎしたい」という人のそばには、そのおこぼれにあやかろうとする人が寄ってきます。そして、その物質的金銭的なメリットがなくなれば、その人たちはクモの子を散らすように去って行きます。

しかし、「本当にこれをやりたいんだ！」という思いを持った人のそばに集まる人々は、その人にお金がなくなっても、どんなにカッコ悪くても、ピンチに陥っても、いなくなったりはしません。むしろ、「私にも手伝えることができた！」と、喜んで手を差し伸べてくれるでしょう。

そして私は思うのです。**成功する起業家は、全員弱いのだ**、と。

彼らには、自分が本当にやりたいことを実現するための意志力など、強い面も持ち合わせていますが、一方では、基本的にはひとりで生きていくことができず、弱点もたくさん持っている「弱いひとりの人間」です。

私が起業家を目指し、実現を果たすことのできた最大の理由のひとつは、両親をルーツにしています。特に母親が私に与えた影響が大きいと思います。

母は、私が7歳の時に亡くなりました。おぼろげな記憶ですが、非常に繊細で、ちょっとしたことにも傷つく「弱い」女性だったのを覚えています。

私はそんな母を見ながら、当時、「母を守れるような強い人になりたい」と思っていました。

しかし母を亡くしてから時間がたち、いつか、

「母のよう弱い人間にだけは、絶対にならない」

という反抗心や敵愾心《てきがい》のような気持ちを持つようになっていました。

そして、強くあろうとした私は、すべてを自分の意志により決定している「強さ」の象徴として、事業家にあこがれを持つようになっていったわけです。

私が目指した事業家の理想は、文字通り何でもできる人でした。

ビジョンを持ち、次々と素晴らしいアイディアを出し、明確で愛情のある指示を出し、部下に慕われ、お客様にも愛される。自分の得意なことはもちろん、営業や会計などすべての分野で平均以上の能力を発揮し、不得意ということはひとつもなく、知らないこともない。

そんなスーパーマンのような人間こそが起業し、事業を成功させてゆくものなのだと信じて疑いませんでした。

しかし、そのような姿を追い求めた私には、現実という大きな壁が待ち受けていました。30歳で上京して起業し、7年間で年商5億円の会社を創ることができましたが、その内情は惨憺《さんたん》たるものでした。

お客様からは毎日のようにクレームが来る。従業員からも文句を言われ、あちらを立てればこちらが立たず、という状況。そして幹部同士の衝突も重なり、私は自分の意見を言うことそのものが怖くなってしまったのです。

その渦中にいる時は、「なぜ、私だけがこんな目に合うのだろう？」と、自らの運命を嘆いてみたりもしましたが、今思うと、それも当然だったのだな、と受け入れられます。

なぜならば、私自身が「私ではないもの」になろうとしていたからです。

私は私にしかなれないのに、そうではないスーパーマンになろうとして、その虚構をお客様や従業員、幹部に押しつけようとしていたから、現実がそのひずみに耐えかねて曲がってしまっていたのです。悲鳴を上げていたのは、私ではなく私のまわりの現実そのものだった、というわけです。

あの当時の事業のすべてが間違いだった、とは思いません。あの時はあの時なりに、一生懸命お客様の幸せを願っていましたし、提供するサービスに手を抜いていたわけでもありません。ですので、後ろめたい気持ちも恥ずかしい気持ちもありません。

ただ、自分自身のあり方としては、反省すべきことが多いな、と思います。

「事業家はすべてにおいて完璧で、強くなければならない」という私の思い込みに、多くの人を無理やり付き合わせてしまっていたのですから。

起業家・事業家は、弱くていいのです。

弱いからこそ、自分ひとりではできないことを手伝ってもらい、それに心から感謝ができる。弱いからこそ、お客様の心に寄り添っていける。弱いからこそ、今の自分の至らなさを顧みながら、改善を図ってゆくことができる。そんな「弱い」人々が手に手を取って、明日の豊かさや幸せを思い描いていくからこそ、事業としても人間としても価値ある方向に進んでゆけるのではないか、と心の底から思うのです。

本書を最後まで読んでくださっているあなたにも、声を大にして言いたいのです。

「あなた以外のものに、なろうとしないでください」

「あなたのまま、正直に生きてください」

本書では、たくさんのことを提案させていただきました。しかし、「ここに書いてあることすべてが完璧にできないと、起業はできない」とは、ひと言も言っていません。

本書に書いたことは、もちろんすべてできたほうがベターではありますが、苦手だったりできなかったりすることがあったとしても起業そのものにはまったく影響はありません。

あなたが「本当にやりたい」という、あなた自身を生きる志さえあれば、あとは手を差し伸べてくれる人が必ず現れるはずです。

もちろん、「誰か助けてくれる人がいるだろう」と、最初から甘えた姿勢でいることはよくありません。それよりも「私には○○が足りていない」などと、本当に生きたい自分を先延ばしにする言い訳をしているほうが、よほど問題です。

すべてが青信号になる日は、来ません。進むから、その次の信号が青になるのです。

あなたの起業は、絶対に成功します。

あなたがあなたであり続け、弱い自分を認め、改善を繰り返すのであれば。

直接お会いできる日を、心から楽しみにしています。

あなたの事業、あなたの人生が、豊かなものになることを祈って。

坂本憲彦

著者紹介

坂本憲彦（さかもと　のりひこ）

ビジネス教育家。

1975年、和歌山県生まれ。一般財団法人立志財団理事長。坂本立志塾代表。

株式会社ナレッジアクション 代表取締役。

大学を卒業後、西日本シティ銀行に入行。６年間、法人・個人向けの融資や営業を担当する。30歳のときに幼い頃からの起業の夢を実現させるために上京。

ビジネススクール、速読講座、飲食店など３つの会社（内１社は個人事業）を立ち上げ、30名以上のスタッフと共に年商５億円までに成長させる。10年以上にわたり、１万人以上の起業家の指導を続けている。

現在は、志ある起業家の育成を行う「立志財団」を設立し、子供も大人も自由に志を実現できる社会の実現に向けて活動している。

・坂本憲彦公式サイト　http://sakamotonorihiko.com

１万人を指導してわかった黄金法則

６つの不安がなくなればあなたの起業は絶対成功する

2018年１月５日　初版第１刷発行
2019年５月20日　初版第４刷発行

著　者　　坂本 憲彦
発行者　　小山 隆之
発行所　　株式会社実務教育出版
〒163-8671　東京都新宿区新宿1-1-12
電話　03-3355-1812（編集）　03-3355-1951（販売）
振替　00160-0-78270
印刷所　　精興社
製本所　　東京美術紙工

ISBN978-4-7889-1456-8 C0034